Bucătăria Indiană pentru Începători

Descoperă Aromele Fascinante ale Orientului Mistic

Ravi Sharma

rezumat

Usturoiul Raita 20
    ingrediente 20
    Metodă 20

Raita de legume mixte 21
    ingrediente 21
    Metodă 21

Bondi Raita 22
    ingrediente 22
    Metodă 22

Raita de conopida 23
    ingrediente 23
    Metodă 24

Raita de varza 25
    ingrediente 25
    Metodă 25

Raita de sfecla rosie 26
    ingrediente 26
    Metodă 26

Leguminoase Raita 27
    ingrediente 27
    Metodă 27

Paste Pudina Raita 28
    ingrediente 28

Metodă 28
Mint Raita 29
    ingrediente 29
    Metodă 29
Raita de vinete 30
    ingrediente 30
    Metodă 30
Sofran Raita 31
    ingrediente 31
    Metodă 31
Yam Raita 32
    ingrediente 32
    Metodă 33
Bame Raita 34
    ingrediente 34
    Metodă 34
Plăcintă crocantă cu spanac 35
    ingrediente 35
    Metodă 35
Rava Dosa 37
    ingrediente 37
    Metodă 37
cotlet Doodhi 39
    ingrediente 39
    Pentru bechamel: 39
    Metodă 39
Patra 41

ingrediente 41

    Pentru aluat: 41

    Metodă 42

Nargisi chicken kebab 43

    ingrediente 43

    Metodă 44

Sev Puris cu topping savuros 45

    ingrediente 45

    Metodă 46

Rolă specială 47

    ingrediente 47

    Metodă 48

Colocasia prăjită 49

    ingrediente 49

    Metodă 50

Dhal Dosa mixt 51

    ingrediente 51

    Metodă 51

prăjituri Makkai 52

    ingrediente 52

    Metodă 53

Kebab Hara Bhara 54

    ingrediente 54

    Metodă 54

Peștele Pakoda 56

    ingrediente 56

    Metodă 57

Shami Kebabs 58
    ingrediente 58
    Metodă 59
Dhokla de bază 60
    ingrediente 60
    Metodă 61
Adai 62
    ingrediente 62
    Metodă 63
Dhokla cu două etaje 64
    ingrediente 64
    Metodă 65
Ulundu Vada 66
    ingrediente 66
    Metodă 66
Bhakar Wadi 67
    ingrediente 67
    Metodă 67
Mangalorean chaat 69
    ingrediente 69
    Metodă 70
Pani Puri 71
    ingrediente 71
    Pentru umplutura: 71
    Pentru chifla: 71
    Metodă 72
Ou Spanac Umplut 73

ingrediente 73
  Metodă 74
Sada Dosa 75
  ingrediente 75
  Metodă 75
Samosa de cartofi 77
  ingrediente 77
  Metodă 78
Kachori cald 80
  ingrediente 80
  Metodă 80
Khandvi 83
  ingrediente 83
  Metodă 84
pătrate Mecca 85
  ingrediente 85
  Metodă 86
Dhal Pakwan 87
  ingrediente 87
  Pentru pakwan: 87
  Metodă 88
picant sev 89
  ingrediente 89
  Metodă 89
Mezzaluna vegetariana umpluta 90
  ingrediente 90
  Pentru umplutura: 90

- Metodă 91
- Kachori Usal 92
  - ingrediente 92
  - Pentru umplutura: 92
  - Pentru sos: 93
  - Metodă 93
- Dhal Dhokli 95
  - ingrediente 95
  - Pentru dhal: 95
  - Metodă 96
- Misal 98
  - ingrediente 98
  - Pentru amestecul de condimente: 99
  - Metodă 100
- Pandora 101
  - ingrediente 101
  - Metodă 101
- Adai de legume 102
  - ingrediente 102
  - Metodă 103
- Porumb picant pe stiule 104
  - ingrediente 104
  - Metodă 104
- Cotlete de legume mixte 105
  - ingrediente 105
  - Metodă 106
- Idli Upma 107

ingrediente 107

Metodă 108

Dhal Bhajiya 109

ingrediente 109

Metodă 109

Masala Papa 110

ingrediente 110

Metodă 110

Sandviș cu legume 111

ingrediente 111

Metodă 111

Rulouri de fasole verde încolțit 112

ingrediente 112

Metodă 113

Sandviș cu chutney 114

ingrediente 114

Metodă 114

Chatpata Gobhi 115

ingrediente 115

Metodă 115

Sabudana Vada 116

ingrediente 116

Metodă 116

pâine Upma 117

ingrediente 117

Metodă 118

Khaja picant 119

    ingrediente 119

    Metodă 120

Cartofi crocanti 121

    ingrediente 121

    Metodă 122

Dhal Vada 123

    ingrediente 123

    Metodă 124

Creveți prăjiți în aluat 125

    ingrediente 125

    Metodă 126

Macrou în sos de roșii 127

    ingrediente 127

    Metodă 128

Konju Ullaruathu 129

    ingrediente 129

    Metodă 130

Chemeen Manga Curry 131

    ingrediente 131

    Metodă 132

Machchi prajit simplu 133

    ingrediente 133

    Metodă 133

Machher Kalia 134

    ingrediente 134

    Metodă 135

Pește Prăjit În Ou 136

ingrediente 136

    Metodă 136

Lau Chingri 137

    ingrediente 137

    Metodă 138

Pește de roșii 139

    ingrediente 139

    Metodă 140

Chingri Machher Kalia 141

    ingrediente 141

    Metodă 141

Kebab de pește Tikka 142

    ingrediente 142

    Metodă 142

Chiftele de legume 143

    ingrediente 143

    Metodă 143

Bhel a încolțit fasole 145

    ingrediente 145

    Pentru garnitura: 145

    Metodă 146

Aloo Kachori 147

    ingrediente 147

    Metodă 147

Doza dieta 148

    ingrediente 148

    Metodă 148

Rula nutritivă 150
    ingrediente 150
    Metodă 151
Sabudana Palak Doodhi Uttapam 152
    ingrediente 152
    Metodă 153
Poha 154
    ingrediente 154
    Metodă 155
Cotlet de legume 156
    ingrediente 156
    Metodă 157
Uppit de soia 158
    ingrediente 158
    Metodă 159
Upma 160
    ingrediente 160
    Metodă 161
Vermicelli Upma 162
    ingrediente 162
    Metodă 163
Bonda 164
    ingrediente 164
    Metodă 165
Dhokla instantanee 166
    ingrediente 166
    Metodă 167

Dhal Maharani 168
   ingrediente 168
   Metodă 169
Milagu Kuzhambu 170
   ingrediente 170
   Metodă 171
Dhal Hariyali 172
   ingrediente 172
   Metodă 173
Dhalcha 174
   ingrediente 174
   Metodă 175
Tarkari Dhalcha 176
   ingrediente 176
   Metodă 177
Dhokar Dhalna 178
   ingrediente 178
   Metodă 178
șopârlă monitor 180
   ingrediente 180
   Metodă 180
Dhal dulce 181
   ingrediente 181
   Metodă 182
Dhal dulce-acru 183
   ingrediente 183
   Metodă 184

Mung-ni-Dhal 185
    ingrediente 185
    Metodă 186
Dhal cu ceapă și nucă de cocos 187
    ingrediente 187
    Metodă 188
Dahi Kadhi 189
    ingrediente 189
    Metodă 190
Dhal de spanac 191
    ingrediente 191
    Metodă 192
Taker Dhal 193
    ingrediente 193
    Metodă 194
Dhal de bază 195
    ingrediente 195
    Metodă 196
Maa-ki-Dhal 197
    ingrediente 197
    Metodă 198
Dhansak 199
    ingrediente 199
    Pentru amestecul dhal: 199
    Metodă 200
Masoor Dhal 201
    ingrediente 201

  Metodă 201
Panchemel Dhal 202
  ingrediente 202
  Metodă 203
Cholar Dhal 204
  ingrediente 204
  Metodă 205
Dilpa și Dhal 206
  ingrediente 206
  Metodă 207
Dhal Masoor 208
  ingrediente 208
  Metodă 209
Dhal cu vinete 210
  ingrediente 210
  Metodă 211
Dhal Tadka galben 212
  ingrediente 212
  Metodă 212
Rasam 214
  ingrediente 214
  Pentru amestecul de condimente: 214
  Metodă 215
Mung Dhal simplu 216
  ingrediente 216
  Metodă 216
Mung verde întreg 217

- ingrediente 217
  - Metodă 218
- Dahi Kadhi cu Pakoras 219
  - ingrediente 219
  - Pentru kadhi: 219
  - Metodă 220
- Dhal dulce de mango necopt 221
  - ingrediente 221
  - Metodă 222
- Malai Dhal 223
  - ingrediente 223
  - Metodă 224

introducere

Mâncarea indiană variază enorm. Indiferent de tipul de mâncare de care ați putea fi interesat – carne, pește sau vegetarian – veți găsi o rețetă care să se potrivească gurii și dispoziției dumneavoastră. În timp ce curry este asociat în mod inevitabil cu India, acest termen este pur și simplu folosit pentru carnea sau legumele gătite într-un sos picant, consumate de obicei cu orez sau pâine indiană. După cum vă va arăta această colecție de o mie de rețete indiene, mâncarea indiană nu se limitează la restaurantele preferate familiare.

Mâncarea este luată foarte în serios în India, iar gătitul este considerat o artă. Fiecare stat indian are propriile tradiții, cultură, stil de viață și mâncare. Chiar și familiile individuale pot avea propriile lor rețete secrete pentru pulberile și pastele care formează coloana vertebrală a preparatului. Cu toate acestea, toate felurile de mâncare indiene au în comun este alchimia delicată a condimentelor care le conferă aroma lor distinctivă.

Rețetele din carte sunt autentice, așa cum ați putea întâlni într-o casă indiană, dar sunt simple, așa că dacă este prima dată când gătiți mâncare indiană, luați-o ușor. Tot ce trebuie să faci este să întorci paginile, să alegi ce îți gâdilă pofta și să creezi o masă delicioasă, în modul indian!

Usturoiul Raita

Porti 4

ingrediente

2 ardei iute verzi

5 catei de usturoi

450 g iaurt, bătut

Sarat la gust

Metodă

- Prăjiți ardeiul uscat până la maro deschis. Măcinați-le cu usturoi.
- Se amestecă cu celelalte ingrediente. Se serveste rece.

Raita de legume mixte

Porti 4

ingrediente

1 cartof mare, taiat cubulete si fiert

25 g fasole verde, tăiată mărunt și fiartă

25 g/1 oz morcovi mici, tăiați mărunt și fierți

50 g de mazăre fiartă

450 g iaurt

½ lingurita piper negru macinat

1 lingura frunze de coriandru, tocate marunt

Sarat la gust

Metodă

- Amestecă bine toate ingredientele într-un bol. Se serveste rece.

Bondi Raita

Porti 4

ingrediente

115 g/4 oz boondi sărat*

450 g iaurt

½ linguriță de zahăr

½ linguriță chaat masala*

Metodă

- Amestecă bine toate ingredientele într-un bol. Se serveste rece.

Raita de conopida

Porti 4

ingrediente

250 g conopidă, tăiată buchete sau rasă

Sarat la gust

½ lingurita piper negru macinat

½ linguriță de pudră de chili

½ linguriță de muștar măcinat

450 g iaurt

1 lingurita de unt clarificat

½ linguriță de semințe de muștar

Chaat Masala*gust

Metodă

- Se amestecă conopida cu sare și amestecul de abur.
- Bateți ardeiul, praful de chilli, muștarul, sarea și iaurtul într-un castron.
- Adăugați amestecul de conopidă la amestecul de iaurt și puneți deoparte.
- Se încălzește ghee-ul într-o cratiță mică. Când începe să fumeze, adăugați semințele de muștar. Lăsați-le să picure timp de 15 secunde.
- Adăugați asta cu chaat masala la amestecul de iaurt. Se serveste rece.

Raita de varza

Porti 4

ingrediente

100 g de varză, rasă

Sarat la gust

1 lingura frunze de coriandru, tocate marunt

2 linguri de nucă de cocos rasă

450 g iaurt

1 lingurita de ulei

½ linguriță de semințe de muștar

3-4 frunze de curry

Metodă

- Se fierbe varza cu sare. Se lasa la racit.
- Adăugați frunzele de coriandru, nuca de cocos și iaurtul. Amesteca bine. Raft.
- Încinge uleiul într-o cratiță mică. Adăugați semințele de muștar și frunzele de curry. Lăsați-le să picure timp de 15 secunde.
- Turnați asta în amestecul de iaurt. Se serveste rece.

Raita de sfecla rosie

Porti 4

ingrediente

1 sfeclă roșie mare, fiartă și rasă

450 g iaurt

½ linguriță de zahăr

Sarat la gust

1 lingurita de unt clarificat

½ linguriță de semințe de chimen

1 ardei iute verde, feliat pe lungime

1 lingura frunze de coriandru, tocate marunt

Metodă

- Intr-un castron se amesteca sfecla, iaurtul, zaharul si sarea.
- Se încălzește ghee-ul într-o cratiță. Adăugați semințele de chimen și ardei iute verde. Lăsați-le să picure timp de 15 secunde. Adăugați acest lucru la amestecul de sfeclă roșie și iaurt.
- Se transferă într-un bol de servire și se ornează cu frunze de coriandru.
- Se serveste rece.

Leguminoase Raita

Porti 4

ingrediente

75 g muguri de fasole

75 g/2½ oz de kaala chana încolțit*

75 g de năut încolțit

1 castravete, tocat fin

10 g frunze de coriandru, tocate mărunt

2 lingurite de chaat masala*

½ linguriță de zahăr

450 g iaurt

Metodă
- Se fierb mugurii de fasole timp de 5 minute. Raft.
- Fierbeți kaala chana și năutul împreună cu puțină apă la foc mediu într-o cratiță timp de 30 de minute. Raft.
- Amestecați mugurii de fasole cu toate celelalte ingrediente. Amesteca bine. Scurgeți și adăugați kaala chana și năutul.
- Se serveste rece.

Paste Pudina Raita

Porti 4

ingrediente

200 g paste, fierte

1 castravete mare, tocat fin

450 g iaurt, bătut

2 linguriţe de muştar gata

50 g frunze de menta, tocate marunt

Sarat la gust

Metodă

- Amestecă toate ingredientele împreună. Se serveste rece.

Mint Raita

Porti 4

ingrediente

50 g frunze de mentă

25 g / puține 1 oz frunze de coriandru

1 ardei verde

2 catei de usturoi

450 g iaurt

1 lingurita de chaat masala*

1 lingurita de zahar granulat

Sarat la gust

Metodă

- Măcinați împreună frunzele de mentă, frunzele de coriandru, ardeiul iute și usturoiul.
- Se amestecă cu celelalte ingrediente într-un bol.
- Se serveste rece.

Raita de vinete

Porti 4

ingrediente

1 vinete mare

450 g iaurt

1 ceapa mare, rasa fin

2 ardei iute verzi, tocati marunt

10 g frunze de coriandru, tocate mărunt

Sarat la gust

Metodă

- Înțepați vinetele peste tot cu o furculiță. Se prăjește la cuptor la 180 °C (350 °F, marca de gaz 4) întorcându-se ocazional, până când pielea este carbonizată.
- Înmuiați vinetele într-un vas cu apă pentru a le lăsa să se răcească. Scurgeți apa și îndepărtați coaja de pe vinete.
- Se zdrobește vinetele până la omogenizare. Se amestecă cu toate celelalte ingrediente.
- Se serveste rece.

Sofran Raita

Porti 4

ingrediente

350 g iaurt

1 lingurita de sofran, inmuiat in 2 linguri de lapte timp de 30 de minute

25 g de 1 oz stafide, înmuiate în apă timp de 2 ore

75 g migdale prajite si fistic, tocate marunt

1 lingura de zahar granulat

Metodă

- Intr-un castron batem iaurtul cu sofranul.
- Adăugați toate celelalte ingrediente. Amesteca bine.
- Se serveste rece.

Yam Raita

Porti 4

ingrediente

250 g de cartofi dulci*

Sarat la gust

¼ linguriță de pudră de chili

¼ lingurita piper negru macinat

350 g iaurt

1 lingurita de unt clarificat

½ linguriță de semințe de chimen

2 ardei iute verzi, feliati pe lungime

1 lingura frunze de coriandru, tocate marunt

Metodă

- Curățați și radeți cartofii. Adăugați puțină sare și fierbeți amestecul la abur până devine moale. Raft.
- Intr-un bol amestecam sarea, praful de chilli si piperul macinat cu iaurtul.
- Adăugați yam la amestecul de iaurt. Raft.
- Se încălzește ghee-ul într-o cratiță mică. Adăugați semințele de chimen și ardei iute verzi. Lăsați-le să picure timp de 15 secunde.
- Adăugați asta la amestecul de iaurt. Se amestecă ușor.
- Se ornează cu frunze de coriandru. Se serveste rece.

Bame Raita

Porti 4

ingrediente

250 g bame, tocate mărunt

Sarat la gust

½ linguriță de pudră de chili

½ linguriță de turmeric

Ulei vegetal rafinat pentru prajit

350 g iaurt

1 lingurita de chaat masala*

Metodă

- Frecați bucățile de bame cu sare, praf de chili și turmeric.
- Încinge uleiul într-o cratiță. Prăjiți bamele la foc mediu timp de 3-4 minute. Scurgeți pe hârtie absorbantă. Raft.
- Într-un castron, bate iaurtul cu chaat masala și sarea.
- Adăugați bamele prăjite în amestecul de iaurt.
- Se serveste rece sau la temperatura camerei.

Plăcintă crocantă cu spanac

acum 12

ingrediente

1 lingura ulei vegetal rafinat plus extra pentru prajit

1 ceapa mare, tocata marunt

50 g spanac, fiert si tocat marunt

1 lingurita pasta de usturoi

1 lingurita pasta de ghimbir

Sarat la gust

300 g/10 oz pâine*, tocat

2 ouă, bătute

2 linguri de faina alba

Piper la nevoie

Sarat la gust

50 g pesmet

Metodă

- Încinge uleiul într-o tigaie. Prăjiți ceapa la foc mediu până devine translucid.
- Adăugați spanacul, pasta de usturoi, pasta de ghimbir și sarea. Gatiti 2-3 minute.

- Se ia de pe foc si se adauga baconul. Se amestecă bine și se împarte în chiftele pătrate. Se acopera cu folie si se da la frigider pentru 30 de minute.
- Se amestecă ouăle, făina, piperul și sarea pentru a forma un aluat fin.
- Încinge uleiul rămas într-o tigaie. Înmuiați fiecare chiflă în aluat, rulați în pesmet și prăjiți până se rumenește.
- Se serveste fierbinte cu chutney uscat de usturoi

Rava Dosa

(Crepe de gris)

Face 10-12

ingrediente

100 g gris

85 g/3 oz făină albă

Un praf de bicarbonat de sodiu

250 g iaurt

240 ml apă

Sarat la gust

Ulei vegetal rafinat pentru ungere

Metodă

- Amestecați toate ingredientele, cu excepția uleiului, pentru a forma un aluat de consistență pentru clătite. Se lasa deoparte 20-30 de minute.
- Se unge și se încălzește o tigaie plată. Se toarnă 2 linguri de aluat. Întindeți ridicând tigaia și răsturnând-o ușor.
- Stropiți puțin ulei pe margini.
- Gatiti 3 minute. Întoarceți și gătiți până devine crocant.
- Repetați pentru aluatul rămas.

- Se serveste fierbinte cu chutney de cocos

cotlet Doodhi

(cotlet de dovleac îmbuteliat)

face 20

ingrediente

1 lingura ulei vegetal rafinat plus extra pentru prajit

1 ceapa mare, tocata

4 ardei iute verzi, tocati marunt

2,5 cm de rădăcină de ghimbir, rasă

1 tărtăcuță de sticlă mare*, decojite si ras

Sarat la gust

2 ouă, bătute

100 g de pesmet

Pentru bechamel:

2 linguri de margarina/unt

4 linguri de faina

Sarat la gust

Piper la nevoie

1 lingură de smântână

Metodă

- Pentru sosul alb, încălziți margarina/untul într-o cratiță. Adăugați toate celelalte ingrediente pentru sosul alb și amestecați la foc mediu până obțineți un sos gros, cremos. Raft.
- Încinge uleiul într-o tigaie. Prăjiți ceapa, ardeiul verde și ghimbirul la foc mediu timp de 2-3 minute.
- Adăugați tărtăcuța de sticlă și sare. Amesteca bine. Acoperiți cu un capac și gătiți timp de 15-20 de minute la foc mediu.
- Descoperiți și zdrobiți bine sticla de tărtăcuță. Adăugați sosul bechamel și jumătate din ouăle bătute. Lăsați deoparte 20 de minute pentru a se solidifica și a se întări.
- Tăiați amestecul în felii.
- Încinge uleiul într-o cratiță. Înmuiați fiecare cotlet în oul bătut rămas, rulați prin pesmet și prăjiți până se rumenește.
- Se servește fierbinte cu chutney de roșii dulci

Patra

(Colocasia Leaf Pinwheel)

face 20

ingrediente

10 frunze de colocasia*

2 linguri de ulei vegetal rafinat

½ linguriță de semințe de muștar

1 lingurita de seminte de susan

1 lingurita de seminte de chimen

8 frunze de curry

2 linguri frunze de coriandru, tocate mărunt

Pentru aluat:

250 g fasan*

4 linguri de jaggery*, ras

1 lingurita de pasta de tamarind

½ lingurita pasta de ghimbir

½ linguriță de pastă de usturoi

1 lingurita de pudra de chili

½ linguriță de turmeric

Metodă

- Amestecă toate ingredientele pentru aluat pentru a forma un aluat gros.
- Întindeți câte un strat de aluat pe fiecare frunză de colocasia până când este complet acoperită.
- Așezați 5 frunze acoperite una peste alta.
- Îndoiți frunzele la 1 inch de fiecare colț pentru a forma un pătrat. Rotiți acest pătrat într-un cilindru.
- Repetați pentru celelalte 5 frunze.
- Se fierb rulourile timp de aproximativ 20-25 de minute. Se da deoparte la racit.
- Tăiați fiecare rolă într-o formă de roată. Raft.
- Încinge uleiul într-o cratiță. Adăugați muștarul, semințele de susan, semințele de chimen și frunzele de curry. Lăsați-le să picure timp de 15 secunde.
- Turnați asta pe roți.
- Se ornează cu frunze de coriandru. Se serveste fierbinte.

Nargisi chicken kebab

(Kebab cu pui și brânză)

Face 20-25

ingrediente

500 g 2 oz pui, tocat

150 g brânză Cheddar rasă

2 cepe mari, tocate mărunt

1 lingurita pasta de ghimbir

1 lingurita pasta de usturoi

1 lingurita cardamom macinat

2 lingurite de garam masala

1 lingurita coriandru macinat

½ linguriță de turmeric

½ linguriță de pudră de chili

Sarat la gust

15-20 de stafide

Ulei vegetal rafinat pentru prajit

Metodă

- Frământați toate ingredientele, cu excepția stafidelor și uleiului, într-un aluat.
- Faceți găluște mici. Pune o stafide în centrul fiecărei găluște.
- Încinge uleiul într-o tigaie. Prăjiți găluștele la foc mediu până se rumenesc. Se serveste fierbinte cu chutney de menta

Sev Puris cu topping savuros

Porti 4

ingrediente

24 sev puris*

2 cartofi taiati cubulete si fierti

1 ceapa mare, tocata marunt

¼ mango verde necopt mic, tocat mărunt

120 ml chutney fierbinte și acru

4 linguri de chutney de mentă

1 lingurita de chaat masala*

Suc de 1 lămâie

Sarat la gust

150g/5½ oz sev*

2 linguri frunze de coriandru, tocate

Metodă

- Aranjați purisul pe un platou de servire.
- Aranjați porții mici de cartofi, ceapă și mango pe fiecare puri.
- Presărați chutneyul picant și chutneyul de mentă deasupra fiecărui puri.
- Stropiți chaat masala, zeama de lămâie și sare.
- Se ornează cu sev și frunze de coriandru. Serviți imediat.

Rolă specială

acum 4

ingrediente

1 lingurita de drojdie

Un praf de zahar

240 ml apă caldă

350 g/12 oz făină albă

½ linguriță de praf de copt

2 linguri de unt

1 ceapa mare, tocata marunt

2 rosii, tocate marunt

30 g frunze de menta, tocate marunt

200 g spanac, fiert

300 g/10 oz pâine*, tăiat cubulețe

Sarat la gust

Piper negru măcinat după gust

125 g piure de roșii

1 ou, batut

Metodă

- Dizolvați drojdia și zahărul în apă.
- Cerneți făina și praful de copt împreună. Se amestecă cu praful de copt și se frământă într-un aluat.
- Cu un sucitor, întindeți aluatul în 2 chapattis. Raft.
- Se încălzește jumătate din unt într-o cratiță. Adăugați ceapa, roșiile, frunzele de mentă, spanacul, paneerul, sare și piper negru. Se caleste la foc mediu timp de 3 minute.
- Răspândește asta pe 1 chapatti. Se toarna peste piureul de rosii si se acopera cu ceilalti chapattis. Sigilați capetele.
- Ungeți chapatis cu oul și untul rămas.
- Coaceți la 150 °C (300 °F, marca de gaz 2) timp de 10 minute. Se serveste fierbinte.

Colocasia prăjită

Porti 4

ingrediente

500 g/1 lb 2 oz de colocasia*

2 linguri coriandru macinat

1 lingura de chimen macinat

1 lingură de amchoor*

2 lingurite de besan*

Sarat la gust

Ulei vegetal rafinat pentru prajit

Chaat Masala*, gust

1 lingura frunze de coriandru, tocate

½ lingurita suc de lamaie

Metodă

- Fierbeți colocasia într-o cratiță timp de 15 minute la foc mic. Se răcește, se decojește, se taie pe lungime și se aplatizează. Raft.
- Se amestecă coriandru măcinat, chimen măcinat, amchoor, besan și sare. Rulați bucățile de colocasia în acest amestec. Raft.
- Încinge uleiul într-o cratiță. Prăjiți colocasia până devine crocantă, apoi scurgeți-o.
- Se presară cu celelalte ingrediente. Se serveste fierbinte.

Dhal Dosa mixt

(Crêpe de linte mixtă)

Face 8-10

ingrediente

250 g de orez, la macerat 5-6 ore

100 g/3½ oz mung dhal*, se lasă la macerat 5-6 ore

100 g de chana dhal*, se lasă la macerat 5-6 ore

100 g/3½ oz urad dhal*, se lasă la macerat 5-6 ore

2 linguri de iaurt

½ lingurita de bicarbonat de sodiu

2 linguri ulei vegetal rafinat plus extra pentru prajit

Sarat la gust

Metodă

- Se macină umed orezul și dhal separat. Se amestecă împreună. Adăugați iaurtul, bicarbonatul de sodiu, uleiul și sarea. Bateți până când amestecul devine spumos și limpede. Se lasa deoparte 3-4 ore.
- Se unge și se încălzește o tigaie plată. Se toarnă peste 2 linguri de aluat și se întinde ca o crep. Stropiți puțin ulei pe margini. Gatiti 2 minute. Se serveste fierbinte.

prăjituri Makkai

(Prăjituri de porumb)

Este 12-15

ingrediente

4 stiuleti de porumb proaspeti

2 linguri de unt

750 ml lapte

½ linguriță de pudră de chili

Sarat la gust

Piper negru măcinat după gust

25 g/1 oz frunze mici de coriandru, tocate

50 g pesmet

Metodă

- Scoateți sâmburii de pe știuleții de porumb și tăiați-i grosier.
- Se încălzește untul într-o cratiță și se prăjește porumbul măcinat timp de 2-3 minute la foc mediu. Adăugați laptele și fierbeți până se usucă.
- Adăugați pudra de chili, sare, piper negru și frunzele de coriandru.
- Adăugați pesmetul și amestecați bine. Împărțiți amestecul în chiftele mici.
- Se încălzește untul într-o tigaie. Prăjiți chiftelele până se rumenesc. Se serveste fierbinte cu ketchup.

Kebab Hara Bhara

(Făgară de legume verzi)

Porti 4

ingrediente

300 g de chana dhal*, înmuiați peste noapte

2 păstăi de cardamom verde

2,5 cm/1 inch scorțișoară

Sarat la gust

60 ml de apă

200 g spanac, fiert la abur și măcinat

½ linguriță garam masala

¼ linguriță buzdugan, ras

Ulei vegetal rafinat pentru prajit

Metodă

- Scurgeți dhalul. Adăugați cardamomul, cuișoarele, scorțișoara, sarea și apa. Gatiti intr-o cratita la foc mediu pana se inmoaie. Se macină în pastă.
- Adăugați toate celelalte ingrediente, cu excepția uleiului. Amesteca bine. Împărțiți amestecul în bile de mărimea unei lămâi și aplatizați-le în chiftele mici.

- Încinge uleiul într-o tigaie. Prăjiți chiftelele la foc mediu până se rumenesc. Se serveste fierbinte cu chutney de menta

Peștele Pakoda

(peste prajit in aluat)

acum 12

ingrediente

300 g pește dezosat, tăiat în bucăți de 2,5 cm

Sarat la gust

2 linguri de suc de lamaie

3 linguri de apă

250 g fasan*

1 lingurita pasta de usturoi

2 ardei iute verzi, tocati marunt

1 lingurita garam masala

½ linguriță de turmeric

Ulei vegetal rafinat pentru prajit

Metodă

- Marinați peștele cu sare și zeama de lămâie timp de 20 de minute.
- Amestecați celelalte ingrediente, cu excepția uleiului, până obțineți un aluat gros.
- Încinge uleiul într-o cratiță. Înmuiați fiecare bucată de pește în aluat și prăjiți până se rumenește. Scurgeți pe hârtie absorbantă. Se serveste fierbinte.

Shami Kebabs

(Kebab de vită tocată rasă în Bengal)

face 35

ingrediente

750 g 10 oz pui, tocat

600g/1lb 5oz chana dhal*

3 cepe mari, tocate

1 lingurita pasta de ghimbir

1 lingurita pasta de usturoi

2,5 cm/1 inch scorțișoară

4 cuișoare

2 păstăi de cardamom negru

7 boabe de piper

1 lingurita chimen macinat

Sarat la gust

450 ml apă

2 ouă, bătute

Ulei vegetal rafinat pentru prajit

Metodă

- Se amestecă toate ingredientele, cu excepția ouălor și a uleiului. Se fierbe intr-o cratita pana se evapora toata apa. Se macină într-o pastă groasă.
- Adăugați ouăle la paste. Amesteca bine. Împărțiți amestecul în 35 de chifle.
- Încinge uleiul într-o tigaie. Prăjiți chiftelele la foc mic până se rumenesc.
- Se serveste fierbinte cu chutney de menta

Dhokla de bază

(Toc de bază la abur)

Este 18-20

ingrediente

250 g de orez

450 g de chana dhal*

60 g iaurt

¼ lingurita de bicarbonat de sodiu

6 ardei iute verzi, tocat

1 cm rădăcină de ghimbir, rasă

¼ lingurita coriandru macinat

¼ linguriță de chimen măcinat

½ linguriță de turmeric

Sarat la gust

½ nucă de cocos rasă

150 g frunze de coriandru, tocate mărunt

1 lingura de ulei vegetal rafinat

½ linguriță de semințe de muștar

Metodă

- Înmuiați orezul și dhal împreună timp de 6 ore. Măcinați grosier.
- Adăugați iaurtul și bicarbonatul de sodiu. Amesteca bine. Lăsați aluatul la dospit 6-8 ore.
- Adăugați ardei iute verzi, ghimbir, coriandru măcinat, chimen măcinat, turmeric și sare în aluat. Amestecați bine.
- Se toarnă într-o formă rotundă de 20 cm de tort. Se fierbe aluatul timp de 10 minute.
- Se răcește și se taie în bucăți pătrate. Stropiți-le cu nucă de cocos rasă și frunze de coriandru. Raft.
- Încinge uleiul într-o cratiță. Adăugați semințele de muștar. Lăsați-le să picure timp de 15 secunde.
- Se toarnă peste dhoklas. Se serveste fierbinte.

Adai

(Crêpe cu orez și linte)

acum 12

ingrediente

125 g de orez

75 g/2½ oz de urad dhal*

75 g de chana dhal*

75 g/2½ oz masoor dhal*

75 g/2½ oz Mung Dhal*

6 ardei iute roșu

Sarat la gust

240 ml apă

Ulei vegetal rafinat pentru ungere

Metodă

- Înmuiați orezul cu tot dhal peste noapte.
- Scurgeți amestecul și adăugați ardei iute roșu, sare și apă. Se macină până la omogenizare.
- Se unge și se încălzește o tigaie plată. Întindeți deasupra 3 linguri de aluat. Acoperiți și gătiți la foc mediu timp de 2-3 minute. Întoarceți și gătiți pe cealaltă parte.
- Scoateți cu grijă cu o spatulă. Repetați pentru restul aluatului. Se serveste fierbinte.

Dhokla cu două etaje

(tort aburit cu două niveluri)

face 20

ingrediente

500 g/1 lb de orez de 2 oz

300 g fasole urad*

75 g/2½ oz de urad dhal*

75 g de chana dhal*

75 g/2½ oz masoor dhal*

2 ardei iute verzi

500 g de iaurt de 2 oz

1 lingurita de pudra de chili

½ linguriță de turmeric

Sarat la gust

115 g chutney de mentă

Metodă

- Se amestecă orezul și fasolea urad. Înmuiați peste noapte.
- Se amestecă toate dhal. Înmuiați peste noapte.
- Scurgeți și măcinați separat amestecul de orez și amestecul dhal. Raft.
- Amestecați ardeiul verde, iaurtul, pudra de chili, turmericul și sarea. Adăugați jumătate din acest amestec la amestecul de orez și adăugați restul la amestecul dhal. Lasă-l să se infuzeze timp de 6 ore.
- Ungeți o formă rotundă de 20 cm de tort. Se toarnă amestecul de orez. Presărați chutney de mentă peste amestecul de orez. Se toarnă peste amestecul de dhal.
- Se fierbe la abur timp de 7-8 minute. Se toaca si se serveste fierbinte.

Ulundu Vada

(Gustare în formă de gogoașă prăjită)

acum 12

ingrediente

600 g/1 lb 5 oz de urad dhal*, înmuiat peste noapte și scurs

4 ardei iute verzi, tocati marunt

Sarat la gust

3 linguri de apă

Ulei vegetal rafinat pentru prajit

Metodă

- Măcinați dhal-ul cu ardei iute verzi, sare și apă.
- Formați gogoși cu amestecul.
- Încinge uleiul într-o cratiță. Adăugați vadas și prăjiți la foc mediu până se rumenesc.
- Scurgeți pe hârtie absorbantă. Se serveste fierbinte cu chutney de cocos

Bhakar Wadi

(Vârtej de făină picant)

Porti 4

ingrediente

500g/1lb de 2oz besan*

175 g de făină integrală

Sarat la gust

Un praf de asafoetida

120 ml ulei vegetal rafinat fierbinte plus extra pentru prajit

100 g de nucă de cocos uscată

1 lingurita de seminte de susan

1 lingurita de mac

Un praf de zahar

1 lingurita de pudra de chili

25 g/1 oz frunze mici de coriandru, tocate mărunt

1 lingura de pasta de tamarind

Metodă

- Frământați faina, făina, sarea, asafoetida, uleiul fierbinte și suficientă apă pentru a forma un aluat ferm. Raft.

- Prăjiți nuca de cocos, semințele de susan și semințele de mac timp de 3-5 minute. Se macină în pulbere.
- Adăugați zahărul, sarea, pudra de chili, frunzele de coriandru și pasta de tamarind în pudră și amestecați bine pentru a pregăti umplutura. Raft.
- Împărțiți aluatul în bile de mărimea unei lămâi. Rulați fiecare într-un disc subțire.
- Distribuiți umplutura peste fiecare disc, astfel încât umplutura să acopere întregul disc. Rotiți fiecare într-un cilindru strâns. Sigilați marginile cu puțină apă.
- Tăiați cilindrii în felii pentru a obține forme de roată.
- Încinge uleiul într-o cratiță. Adăugați rulourile rotițe și prăjiți la foc mediu până devin crocante.
- Scurgeți pe hârtie absorbantă. A se păstra într-un recipient ermetic odată răcit.

NOTĂ: Acestea pot fi păstrate timp de două săptămâni.

Mangalorean chaat

Porti 4

ingrediente

75 g de chana dhal*

240 ml apă

Sarat la gust

Un praf mare de bicarbonat de sodiu

2 cartofi mari, tocati marunt si fierti

350 g iaurt proaspăt

2 linguri de zahăr granulat

4 linguri de ulei vegetal rafinat

1 lingură frunze uscate de schinduf

1 lingurita pasta de ghimbir

1 lingurita pasta de usturoi

2 ardei iute verzi

1 lingurita de chimion macinat, prajit uscat

1 lingurita garam masala

1 lingură de amchoor*

1 lingurita de turmeric

½ linguriță de pudră de chili

150 g de naut la conserva

1 ceapa mare, tocata marunt

2 linguri frunze de coriandru, tocate mărunt

Metodă

- Gatiti dhal-ul cu apa, sare si bicarbonat de sodiu intr-o cratita la foc mediu timp de 30 de minute. Adăugați mai multă apă dacă dhal pare prea uscat. Amestecați cartofii cu amestecul de dhal și puneți deoparte.
- Bate iaurtul cu zaharul. Puneți la congelator să se răcească.
- Încinge uleiul într-o cratiță. Se adauga frunzele de schinduf si se calesc la foc mediu 3-4 minute.
- Adăugați pasta de ghimbir, pasta de usturoi, ardei iute verde, chimen măcinat, garam masala, amchoor, turmeric și pudră de ardei iute. Se prajesc 2-3 minute, amestecand continuu.
- Adăugați năutul. Se caleste timp de 5 minute, amestecand continuu. Adăugați amestecul de dhal și amestecați bine.
- Luați de pe foc și întindeți amestecul pe o farfurie de servire.
- Se toarnă peste iaurtul dulce.
- Se presară cu ceapă și frunze de coriandru. Serviți imediat.

Pani Puri

face 30

ingrediente
Pentru cei puri:

175 g/6 oz făină albă

100 g gris

Sarat la gust

Ulei vegetal rafinat pentru prajit

Pentru umplutura:

50 g fasole mung încolțită

150 g de năut încolțit

Sarat la gust

2 cartofi mari, fierți și piureați

Pentru chifla:

2 linguri de pasta de tamarind

100 g frunze de coriandru, tocate mărunt

1½ linguriță de chimion măcinat, prăjit uscat

2-4 ardei iute verzi, tocati marunt

2,5 cm de rădăcină de ghimbir

Sare grunjoasă după gust

240 ml apă

Metodă

- Amestecă toate ingredientele puri, cu excepția uleiului, cu suficientă apă pentru a forma un aluat ferm.
- Se rulează în piureuri mici de 5 cm în diametru.
- Încinge uleiul într-o tigaie. Prăjiți puri până devin maro auriu. Raft.
- Pentru umplutură, se fierb fasolea mung încolțită și năutul cu sare. Se amestecă cu cartofi. Raft.
- Pentru pani, macinați toate ingredientele pani împreună, cu excepția apei.
- Adăugați acest amestec în apă. Se amestecă bine și se lasă deoparte.
- Pentru a servi, faceți o gaură în fiecare puri și umpleți-l cu umplutura. Turnați 3 linguri de pâini în fiecare și serviți imediat.

Ou Spanac Umplut

Porti 4

ingrediente

200 g spanac

Un praf de bicarbonat de sodiu

1 lingura de ulei vegetal rafinat

1 lingurita de seminte de chimen

6 catei de usturoi, macinati

2 ardei iute verzi, tocati

Sarat la gust

8 ouă fierte tari, tăiate în jumătate pe lungime

1 lingura de unt clarificat

1 ceapa, tocata marunt

1 inch rădăcină de ghimbir, tocată

Metodă

- Amesteca spanacul cu bicarbonatul de sodiu. Se fierbe la abur până se înmoaie. Se macină și se pune deoparte.
- Încinge uleiul într-o cratiță. Când începe să fumeze, adăugați semințele de chimen, usturoiul și ardeiul iute. Se caleste cateva secunde. Adăugați spanacul la abur și sarea.
- Acoperiți cu un capac și gătiți până se usucă. Raft.
- Scoateți gălbenușurile din ouă. Adăugați gălbenușurile de ou în amestecul de spanac. Amesteca bine.
- Turnați amestecul de ouă și spanac cu o lingură în albușurile goale. Raft.
- Se încălzește ghee-ul într-o tigaie mică. Prăjiți ceapa și ghimbirul până se rumenesc.
- Se presară deasupra ouălor. Se serveste fierbinte.

Sada Dosa

(Crêpă de orez sărat)

acum 15

ingrediente

100 g de orez fiert

75 g/2½ oz de urad dhal*

½ linguriță de semințe de schinduf

½ lingurita de bicarbonat de sodiu

Sarat la gust

125 g iaurt, bătut

60 ml ulei vegetal rafinat

Metodă

- Înmuiați orezul și dhalul împreună cu semințele de schinduf timp de 7-8 ore.
- Scurgeți și măcinați amestecul într-o pastă granuloasă.
- Adăugați bicarbonatul de sodiu și sarea. Amesteca bine.
- Se lasa deoparte la fermentat 8-10 ore.
- Adăugați iaurt pentru a face aluat. Acest aluat trebuie să fie suficient de gros pentru a acoperi o lingură. Adăugați puțină apă dacă este necesar. Raft.

- Se unge și se încălzește o tigaie plată. Întindeți peste el o lingură de aluat pentru a obține o crêpe subțire. Se toarnă peste 1 linguriță de ulei. Gatiti pana devine crocant. Repetați pentru restul aluatului și serviți fierbinte.

Samosa de cartofi

(Salut de cartofi)

face 20

ingrediente

175 g/6 oz făină albă

Vârf de cuțit de sare

5 linguri ulei vegetal rafinat plus extra pentru prajit

100 ml de apă

1 cm rădăcină de ghimbir, rasă

2 ardei iute verzi, tocati marunt

2 catei de usturoi, tocati marunt

½ lingurita coriandru macinat

1 ceapa mare, tocata marunt

2 cartofi mari, fierți și piureați

1 lingura frunze de coriandru, tocate marunt

1 lingura de suc de lamaie

½ linguriță de turmeric

1 lingurita de pudra de chili

½ linguriță garam masala

Metodă

- Amestecam faina cu sarea, 2 linguri de ulei si apa. Se framanta intr-un aluat elastic. Acoperiți cu o cârpă umedă și lăsați să se odihnească timp de 15-20 de minute.
- Frământați din nou aluatul. Acoperiți cu o cârpă umedă și lăsați deoparte.
- Pentru umplutură, încălziți 3 linguri de ulei într-o tigaie. Adăugați ghimbirul, ardei iute verde, usturoi și coriandru măcinat. Se prăjește timp de un minut la foc mediu, amestecând constant.
- Adăugați ceapa și căliți până se rumenesc.
- Adăugați cartofii, frunzele de coriandru, sucul de lămâie, turmericul, pudra de ardei iute, garam masala și sarea. Amestecați bine.
- Gatiti la foc mic timp de 4 minute, amestecand din cand in cand. Raft.
- Pentru a face samosas, împărțiți aluatul în 10 bile. Se rulează în discuri de 12 cm diametru. Tăiați fiecare disc în 2 jumătăți de lună.
- Treceți un deget umed de-a lungul diametrului unei semilună. Aduceți capetele împreună pentru a forma un con.
- Puneți o lingură de umplutură în con și etanșați apăsând marginile împreună. Repetați pentru toate jumătățile de lună.
- Încinge uleiul într-o tigaie. Prăjiți samosasele, câte cinci, la foc mic până se rumenesc. Scurgeți pe hârtie absorbantă.

- Se serveste fierbinte cu chutney de menta

Kachori cald

(Galuste prajite umplute cu linte)

acum 15

ingrediente

250 g făină albă simplă plus 1 lingură pentru petice

5 linguri ulei vegetal rafinat plus extra pentru prajit

Sarat la gust

1,4 litri/2½ litri de apă plus 1 lingură pentru plasture

300 g/10 oz mung dhal*, inmuiati timp de 30 de minute

½ lingurita coriandru macinat

½ linguriță de fenicul măcinat

½ linguriță de semințe de chimen

½ linguriță de semințe de muștar

2-3 vârfuri de asafoetida

1 lingurita garam masala

1 lingurita de pudra de chili

Metodă

- Se amestecă 250 g de făină cu 3 linguri de ulei, sare și 100 ml apă. Frământați până obțineți un aluat moale și maleabil. Se lasa deoparte 30 de minute.
- Pentru a face umplutura, gătiți dhal-ul cu apa rămasă într-o cratiță la foc mediu timp de 45 de minute. Scurgeți și puneți deoparte.
- Încinge 2 linguri de ulei într-o cratiță. Când începe să fumeze, adăugați coriandru măcinat, fenicul, semințele de chimen, semințele de muștar, asafoetida, garam masala, pudra de ardei iute și sare. Lasă-le să sfârâie timp de 30 de secunde.
- Adăugați dhalul fiert. Se amestecă bine și se prăjește timp de 2-3 minute, amestecând continuu.
- Se răcește amestecul de dhal și se împarte în 15 bile de mărimea unei lămâi. Raft.
- Amesteca 1 lingura de faina cu 1 lingura de apa pentru a face o pasta de plasture. Raft.
- Împărțiți aluatul în 15 bile. Se rulează în discuri de 12 cm diametru.
- Pune 1 lingură de umplutură în centrul unui disc. Sigilați ca o pungă.
- Aplatizați ușor apăsând-o între palme. Repetați pentru discurile rămase.
- Încinge uleiul într-o cratiță până începe să fumeze. Prăjiți discurile până devin maro auriu pe partea inferioară. Întoarceți și repetați.
- Dacă un kachori rupe în timp ce se prăjește, sigilați-l cu pasta de plasture.
- Scurgeți pe hârtie absorbantă. Se serveste fierbinte cu chutney de menta

Khandvi

(Besan Roll)

Face 10-15

ingrediente

60 g fasole*

60 g iaurt

120 ml de apă

1 lingurita de turmeric

Sarat la gust

5 linguri de ulei vegetal rafinat

1 lingură nucă de cocos proaspătă, mărunțită

1 lingura frunze de coriandru, tocate marunt

½ linguriță de semințe de muștar

2 vârfuri de asafoetida

8 frunze de curry

2 ardei iute verzi, tocati marunt

1 lingurita de seminte de susan

Metodă

- Se amestecă fasolea, iaurtul, apa, turmericul și sarea.
- Încinge 4 linguri de ulei într-o tigaie. Adăugați amestecul de besan și gătiți, amestecând constant pentru a vă asigura că nu se formează cocoloașe.
- Gatiti pana cand amestecul iese de pe marginile tigaii. Raft.
- Ungeți două tigăi antiaderente de 15 × 35 cm. Se toarnă amestecul de fasole și se nivelează cu o spatulă. Se lasa sa se odihneasca 10 minute.
- Tăiați amestecul în fâșii de 5 cm lățime. Rulați fiecare bandă cu grijă.
- Aranjați rulourile pe o farfurie de servire. Stropiți suprafața cu nucă de cocos rasă și frunze de coriandru. Raft.
- Se încălzește 1 lingură de ulei într-o cratiță mică. Adăugați semințele de muștar, asafoetida, frunzele de curry, ardeiul iute și semințele de susan. Lăsați-le să picure timp de 15 secunde.
- Turnam imediat asta peste rulourile de besan. Se serveste fierbinte sau la temperatura camerei.

pătrate Mecca

(pătrate de porumb)

acum 12

ingrediente

2 lingurite de unt clarificat

100 g boabe de porumb, macinate

Sarat la gust

125 g de mazăre fiartă

3 linguri de ulei vegetal rafinat

8 ardei iute verzi, tocati marunt

½ linguriță de semințe de chimen

½ linguriță de semințe de muștar

½ linguriță de pastă de usturoi

½ lingură de coriandru măcinat

½ lingură de chimen măcinat

175 g faina de porumb

175 g de făină integrală

150 ml de apă

Metodă

- Se încălzește ghee-ul într-o cratiță. Când începe să fumeze, prăjiți porumbul timp de 3 minute. Raft.
- Adăugați sare la mazărea fiartă. Se zdrobește bine mazărea. Raft.
- Încinge 2 linguri de ulei într-o tigaie. Adăugați ardeiul verde, chimenul și semințele de muștar. Lăsați-le să picure timp de 15 secunde.
- Adăugați porumbul prăjit, piureul de mazăre, pasta de usturoi, coriandru măcinat și chimen măcinat. Amesteca bine. Se ia de pe foc si se da deoparte.
- Se amestecă ambele făinuri. Adăugați sarea și 1 lingură de ulei. Adaugati apa si lucrati pana obtineti un aluat moale.
- Întindeți 24 de forme pătrate, fiecare măsurând 10x10cm/4x4in.
- Puneți amestecul de porumb și mazăre în centrul unui pătrat și acoperiți cu un alt pătrat. Apăsați ușor marginile pătratului pentru a sigila.
- Repetați pentru restul pătratelor.
- Se unge si se incinge o tigaie. Prăjiți pătratele în tigaie până se rumenesc.
- Se serveste fierbinte cu ketchup.

Dhal Pakwan

(Pâine crocantă cu linte)

Porti 4

ingrediente

600g/1lb 5oz chana dhal*

3 linguri de ulei vegetal rafinat

1 lingurita de seminte de chimen

750 ml apă

Sarat la gust

½ linguriță de turmeric

½ linguriță de amchoor*

10 g frunze de coriandru, tocate mărunt

Pentru pakwan:

250 g de făină albă simplă

½ linguriță de seminţe de chimen

Sarat la gust

Ulei vegetal rafinat pentru prajit

Metodă

- Înmuiați chana dhal timp de 4 ore. Scurgeți și puneți deoparte.
- Încinge uleiul într-o cratiță. Adăugați semințele de chimen. Lăsați-le să picure timp de 15 secunde.
- Adăugați dhal înmuiat, apă, sare și turmeric. Gatiti 30 de minute.
- Transferați pe o farfurie de servire. Stropiți cu amchoor și frunze de coriandru. Raft.
- Amestecă toate ingredientele pakwan, cu excepția uleiului, cu suficientă apă pentru a face un aluat ferm.
- Împărțiți în bile de mărimea unei nuci. Întindeți discuri groase, cu diametrul de 10 cm. Înțepați totul cu o furculiță.
- Încinge uleiul într-o tigaie. Prăjiți discurile până devin maro auriu. Scurgeți pe hârtie absorbantă.
- Servește pakwans cu dhal fierbinte.

picant sev

(Fulgi de făină picant)

Porti 4

ingrediente

500g/1lb de 2oz besan*

1 linguriță de semințe de ajowan

1 lingura ulei vegetal rafinat plus extra pentru prajit

¼ lingurita asafoetida

Sarat la gust

200 ml de apă

Metodă

- Frământați besanul cu semințele de ajowan, uleiul, asafoetida, sare și apă într-un aluat lipicios.
- Pune aluatul într-un sac à poche.
- Încinge uleiul într-o cratiță. Presați aluatul prin duza în formă de tăiței în tigaie și prăjiți ușor pe ambele părți.
- Scurgeți bine și răciți înainte de depozitare.

NOTĂ:*Acesta poate fi păstrat timp de cincisprezece zile.*

Mezzaluna vegetariana umpluta

acum 6

ingrediente

350 g/12 oz făină albă

6 linguri ulei vegetal rafinat fierbinte plus extra pentru prajit

Sarat la gust

1 roșie, feliată

Pentru umplutura:

3 linguri de ulei vegetal rafinat

200 g de mazăre

1 morcov, tăiat fâșii julienne

100 g fasole verde, tăiată fâșii

4 linguri de nucă de cocos proaspătă, mărunțită

3 ardei iute verzi

1 inch rădăcină de ghimbir, zdrobită

4 lingurite frunze de coriandru, tocate marunt

2 lingurite de zahar

2 linguri de suc de lamaie

Sarat la gust

Metodă

- Mai întâi pregătiți umplutura. Încinge uleiul într-o cratiță. Se adauga mazarea, morcovul si fasolea verde si se calesc, amestecand continuu, pana se inmoaie.
- Adăugați toate celelalte ingrediente pentru umplutură și amestecați bine. Raft.
- Se amestecă făina cu uleiul și sarea. Frământați până obțineți un aluat ferm.
- Împărțiți aluatul în 6 bile de mărimea unei lămâi.
- Rulați fiecare minge într-un disc cu diametrul de 10 cm.
- Aranjați umplutura de legume pe o jumătate de disc. Îndoiți cealaltă jumătate pentru a acoperi umplutura și sigilați bine marginile.
- Repetați pentru toate discurile.
- Încinge uleiul într-o cratiță. Adăugați semilunele și prăjiți până se rumenesc bine.
- Aranjează-le într-un vas rotund de servire și ornează-le cu felii de roșii. Serviți imediat.

Kachori Usal

(Pâine prăjită cu năut)

Porti 4

ingrediente
Pentru patiserie:

50 g frunze de schinduf tocate mărunt

175 g de făină integrală

2 ardei iute verzi, tocati marunt

1 lingurita pasta de ghimbir

¼ linguriță de turmeric

100 ml de apă

Sarat la gust

Pentru umplutura:

1 lingurita de ulei vegetal rafinat

250 g fasole mung, fiartă

250 g năut verde, fiert

¼ linguriță de turmeric

½ linguriță de pudră de chili

1 lingurita coriandru macinat

1 lingurita chimen macinat

Sarat la gust

Pentru sos:

2 linguri de ulei vegetal rafinat

2 cepe mari, tocate mărunt

2 rosii, tocate

1 lingurita pasta de usturoi

½ linguriță garam masala

¼ linguriță de pudră de chili

Sarat la gust

Metodă

- Se amestecă toate ingredientele de patiserie. Frământați până obțineți un aluat ferm. Raft.
- Pentru umplutură, se încălzește uleiul într-o tigaie și se călesc toate ingredientele de umplutură la foc mediu timp de 5 minute. Raft.
- Pentru sos se incinge uleiul intr-o tigaie. Adăugați toate ingredientele pentru sos. Se prăjește timp de 5 minute, amestecând din când în când. Raft.
- Împărțiți aluatul în 8 porții. Întindeți fiecare porție într-un disc cu diametrul de 10 cm.
- Puneți niște umplutură în centrul unui disc. Sigilați ca o pungă și neteziți pentru a forma o minge umplută. Repetați pentru toate discurile.

- Aburiți bilele timp de 15 minute.
- Adăugați biluțele în sos și amestecați pentru a se acoperi. Gatiti la foc mic timp de 5 minute.
- Se serveste fierbinte.

Dhal Dhokli

(gustare savuroasă gujarati)

Porti 4

ingrediente
Pentru dhokli:

175 g de făină integrală

Un praf de turmeric

¼ linguriță de pudră de chili

½ linguriță de semințe de ajowan

1 lingurita de ulei vegetal rafinat

100 ml de apă

Pentru dhal:

2 linguri de ulei vegetal rafinat

3-4 cuișoare

5 cm/2 inchi de scorțișoară

1 linguriță de semințe de muștar

300g/10oz masoor dhal*, fierte si pasate

½ linguriță de turmeric

Un praf de asafoetida

1 lingura de pasta de tamarind

2 linguri jaggery ras*

60 g de arahide

1 lingurita coriandru macinat

1 lingurita chimen macinat

½ linguriță de pudră de chili

Sarat la gust

25 g/1 oz frunze mici de coriandru, tocate mărunt

Metodă

- Amestecă toate ingredientele dhokli împreună. Se framanta pentru a forma un aluat ferm.
- Împărțiți aluatul în 5-6 bile. Se rulează în discuri groase, cu diametrul de 6 cm/2,4 inchi. Se lasa deoparte 10 minute sa se intareasca.
- Tăiați discurile dhokli în bucăți în formă de diamant. Raft.
- Pentru dhal, încălziți uleiul într-o cratiță. Adăugați cuișoarele, scorțișoara și semințele de muștar. Lăsați-le să picure timp de 15 secunde.
- Adăugați toate celelalte ingrediente ale dhal, cu excepția frunzelor de coriandru. Amesteca bine. Gatiti la foc mare pana cand dhalul incepe sa fiarba.
- Adăugați bucățile de dhokli la dhal la fierbere. Continuați să gătiți la foc mic timp de 10 minute.
- Se ornează cu frunze de coriandru. Se serveste fierbinte.

Misal

(Gustare sănătoasă de fasole încolțită)

Porti 4

ingrediente

3-4 linguri de ulei vegetal rafinat

½ linguriță de semințe de muștar

¼ lingurita asafoetida

6 frunze de curry

1 lingurita pasta de ghimbir

1 lingurita pasta de usturoi

25 g de 1 oz frunze mici de coriandru, măcinate într-un blender

1 lingurita de pudra de chili

1 lingurita de pasta de tamarind

2 linguri jaggery ras*

Sarat la gust

300 g fasole mung încolțită, fiartă

2 cartofi mari, taiati cubulete si fierti

500 ml de apă

300g/10oz Bombay Mix*

1 rosie mare, tocata marunt

1 ceapa mare, tocata marunt

25 g/1 oz frunze mici de coriandru, tocate mărunt

4 felii de pâine

Pentru amestecul de condimente:

1 lingurita de seminte de chimen

2 lingurițe de semințe de coriandru

2 cuișoare

3 boabe de piper

¼ lingurita de scortisoara macinata

Metodă

- Măcinați toate ingredientele amestecului de condimente împreună. Raft.
- Încinge uleiul într-o cratiță. Adăugați semințele de muștar, asafoetida și frunzele de curry. Lasă-le să se scurgă 2-3 minute.
- Adăugați pasta de ghimbir, pasta de usturoi, frunzele de coriandru măcinat, pudra de chili, pasta de tamarind, jaggery și sare. Se amestecă bine și se fierbe timp de 3-4 minute.
- Adăugați amestecul de condimente măcinat. Se caleste timp de 2-3 minute.
- Adăugați fasolea încolțită, cartofii și apa. Se amestecă bine și se fierbe timp de 15 minute.
- Transferați într-un bol de servire și stropiți cu Bombay Mix, roșii tocate, ceapa tocată și frunze de coriandru deasupra.
- Se serveste fierbinte cu o felie de paine in lateral.

Pandora

(gustare Mung Dhal)

acum 12

ingrediente

1 ardei iute verde, tăiat în jumătate pe lungime

Sarat la gust

1 lingurita de bicarbonat de sodiu

¼ lingurita asafoetida

250 g/9 oz mung dhal întreg*, la macerat timp de 4 ore

2 linguri de ulei vegetal rafinat

2 lingurite frunze de coriandru, tocate marunt

Metodă

- Adăugați ardei iute verde, sare, bicarbonat de sodiu și asafoetida la dhal. Se macină în pastă.
- Ungeți o formă de tort de 20 cm/8 inci cu ulei și turnați pasta dhal în ea. Se fierbe la abur timp de 10 minute.
- Puneți deoparte amestecul de dhal aburit timp de 10 minute. Odată rece, tăiați în bucăți de 2,5 cm.
- Se ornează cu frunze de coriandru. Se serveste fierbinte cu chutney de nuca de cocos verde

Adai de legume

(Crêpe cu legume, orez și linte)

acum 8

ingrediente

100 g de orez fiert

150 g de masoor dhal*

75 g/2½ oz de urad dhal*

3-4 ardei iute roșu

¼ lingurita asafoetida

Sarat la gust

4 linguri de apă

1 ceapa, tocata marunt

½ morcov, tocat mărunt

50 g varză,

se toaca marunt 4-5 frunze de curry

10 g frunze de coriandru, tocate mărunt

4 linguri de ulei vegetal rafinat

Metodă

- Înmuiați orezul și dhal împreună timp de aproximativ 20 de minute.
- Scurgeți și adăugați ardeiul roșu, asafoetida, sare și apă. Se macină până la o pastă grosieră.
- Adăugați ceapa, morcovul, varza, frunzele de curry și frunzele de coriandru. Amestecați bine până obțineți un aluat cu o consistență asemănătoare cu cea a pandișpanului. Adăugați mai multă apă dacă consistența nu este corectă.
- Unge o tavă plată. Se toarnă o lingură de aluat. Se întinde cu dosul unei linguri pentru a face o crêpă subțire.
- Turnați o jumătate de linguriță de ulei în jurul crepului. Întoarceți pentru a găti ambele părți.
- Repetați pentru restul aluatului. Se serveste fierbinte cu chutney de cocos

Porumb picant pe stiule

Porti 4

ingrediente

8 știuleți de porumb

Unt sarat dupa gust

Sarat la gust

2 lingurite de chaat masala*

2 lămâi, tăiate la jumătate

Metodă

- Prăjiți știuleții de porumb pe un grătar cu cărbune sau la foc mare până se rumenesc peste tot.
- Frecați untul, sarea, chaat masala și lămâile pe fiecare știulete.
- Serviți imediat.

Cotlete de legume mixte

acum 12

ingrediente

Sarat la gust

¼ lingurita piper negru macinat

4-5 cartofi mari, fierți și piureați

2 linguri ulei vegetal rafinat plus extra pentru prajit

1 ceapa mica, tocata marunt

½ linguriță garam masala

1 lingurita de suc de lamaie

100 g de legume mixte congelate

2-3 ardei iute verzi, tocati marunt

50 g frunze de coriandru, tocate mărunt

250 g de pudră de săgeată

150 ml de apă

100 g de pesmet

Metodă

- Adăugați sare și piper negru la cartofi. Se amestecă bine și se împarte în 12 bile. Raft.
- Pentru umplutură, încălziți 2 linguri de ulei într-o tigaie. Prăjiți ceapa la foc mediu până devine translucid.
- Adăugați garam masala, sucul de lămâie, verdeață amestecată, ardei iute și frunze de coriandru. Se amestecă bine și se fierbe la foc mediu timp de 2-3 minute. Se pasează bine și se ține deoparte.
- Pisează biluțele de cartofi cu palmele unse.
- Puneți puțin din amestecul de umplutură pe fiecare chiflă de cartofi. Sigilați pentru a face cotlet în formă alungită. Raft.
- Se amestecă pudra de săgeată cu suficientă apă pentru a forma un aluat subțire.
- Încinge uleiul într-o tigaie. Înmuiați cotletele în aluat, rulați-le în pesmet și prăjiți-le la foc mediu până se rumenesc.
- Scurgeti si serviti fierbinti.

Idli Upma

(gustare de tort de orez la abur)

Porti 4

ingrediente

5 linguri de ulei vegetal rafinat

½ linguriță de semințe de muștar

½ linguriță de semințe de chimen

1 lingurita de urad dhal*

2 ardei iute verzi, feliati pe lungime

8 frunze de curry

Un praf de asafoetida

¼ linguriță de turmeric

8 idlis zdrobit

2 lingurite de zahar granulat

1 lingura frunze de coriandru, tocate marunt

Sarat la gust

Metodă

- Încinge uleiul într-o cratiță. Adăugați semințele de muștar, semințele de chimen, urad dhal, ardei iute verzi, frunze de curry, asafoetida și turmeric. Lasă-le să sfârâie timp de 30 de secunde.
- Adăugați idlisul tocat, zahărul granulat, coriandru și sarea. Se amestecă ușor.
- Serviți imediat.

Dhal Bhajiya

(Pâine bile de linte prăjită)

acum 15

ingrediente

250/9oz mung dhal*, inmuiati 2-3 ore

2 ardei iute verzi, tocati marunt

2 linguri frunze de coriandru, tocate mărunt

1 lingurita de seminte de chimen

Sarat la gust

Ulei vegetal rafinat pentru prajit

Metodă

- Scurgeți dhal-ul și măcinați grosier.
- Adăugați ardeiul iute, frunzele de coriandru, semințele de chimen și sarea. Amesteca bine.
- Încinge uleiul într-o tigaie. Adăugați porții mici din amestecul de dhal și prăjiți la foc mediu până se rumenesc.
- Se serveste fierbinte cu chutney de menta

Masala Papa

(Poppadoms asezonate cu condimente)

acum 8

ingrediente

2 rosii, tocate marunt

2 cepe mari, tocate mărunt

3 ardei iute verzi, tocate mărunt

10 g frunze de coriandru, tocate

2 linguri de suc de lamaie

1 lingurita de chaat masala*

Sarat la gust

8 popsSoare

Metodă

- Amestecă toate ingredientele, mai puțin poppadoms, într-un castron.
- Prăjiți poppadoms la foc mare, întorcându-le pe fiecare parte. Asigurați-vă că nu le ardeți.
- Întindeți amestecul de legume pe fiecare poppadom. Serviți imediat.

Sandviș cu legume

acum 6

ingrediente

12 felii de pâine

50 g de unt

100 g chutney de mentă

1 cartof mare, fiert și feliat subțire

1 roșie, feliată subțire

1 ceapă mare, tăiată subțire

1 castravete, feliat subțire

Chaat Masala*gust

Sarat la gust

Metodă

- Ungeți feliile de pâine cu unt și întindeți pe fiecare un strat subțire de chutney de mentă.
- Aranjați un strat de cartofi, roșii, ceapă și felii de castraveți pe 6 felii de pâine.
- Stropiți cu niște chaat masala și sare.
- Acoperiți cu feliile de pâine rămase și tăiați după dorință. Serviți imediat.

Rulouri de fasole verde încolțit

acum 8

ingrediente

175 g de făină integrală

2 linguri de faina alba

½ lingurita zahar granulat

75 ml de apă

50 g de mazăre congelată

25 g / puțin 1 oz de fasole mung încolțită

2 linguri de ulei vegetal rafinat

50 g spanac, tocat mărunt

1 roșie mică, tocată mărunt

1 ceapa mica, tocata marunt

30 g frunze de varza, tocate marunt

1 lingurita chimen macinat

1 lingurita coriandru macinat

¼ linguriță de pastă de ghimbir

¼ linguriță de pastă de usturoi

60 ml de smântână

Sarat la gust

750 g/1 lb de iaurt de 10 oz

Metodă

- Se amestecă făina integrală, făina albă, zahărul şi apa. Frământaţi până obţineţi un aluat ferm. Raft.
- Fierbeţi mazărea şi fasolea mung în apă minimă. Scurgeţi şi puneţi deoparte.
- Încinge uleiul într-o cratiţă. Se adauga spanacul, rosiile, ceapa si varza. Se prăjeşte, amestecând din când în când, până când roşia devine pulpodă.
- Adăugaţi amestecul de mazăre şi fasole mung împreună cu toate celelalte ingrediente, cu excepţia aluatului. Gatiti la foc mediu pana se usuca. Raft.
- Faceţi chapatis subţiri cu aluatul.
- Pe o parte a fiecărui chapatti, puneţi amestecul fiert pe lungime în centru şi rulaţi. Serviţi cu chutney de mentă şi iaurt.

Sandviș cu chutney

acum 6

ingrediente

12 felii de pâine

½ linguriță de unt

6 linguri de chutney de mentă

4 roșii, feliate

Metodă

- Ungeți cu unt toate feliile de pâine. Întindeți chutney-ul de mentă pe 6 felii.
- Aranjați roșiile cherry pe chutney-ul de mentă și acoperiți cu o altă felie unsă cu unt. Serviți imediat.

Chatpata Gobhi

(gustare picant cu conopida)

Porti 4

ingrediente

500 g/1 lb. buchețe de conopidă

Sarat la gust

1 lingurita piper negru macinat

1 lingura de ulei vegetal rafinat

1 lingura de suc de lamaie

Metodă

- Se fierb buchetele de conopida timp de 10 minute. Se da deoparte la racit.
- Amesteca bine buchetelele fierte la abur cu celelalte ingrediente. Întindeți conopida pe o foaie de copt ignifugă și o grătar timp de 5 până la 7 minute sau până când se rumenește. Se serveste fierbinte.

Sabudana Vada

(cotlet de sago)

acum 12

ingrediente

300 g/10 oz sago

125 g de arahide, prajite si tocate grosier

2 cartofi mari, fierți și piureați

5 ardei iute verzi, tocat

Sarat la gust

Ulei vegetal rafinat pentru prajit

Metodă

- Înmuiați sago timp de 5 ore. Se scurge bine si se lasa deoparte 3-4 ore.
- Amestecați sago cu toate ingredientele, cu excepția uleiului. Amesteca bine.
- Ungeți palmele și faceți douăsprezece chifteluțe cu amestecul.
- Încinge uleiul într-o tigaie. Se prăjesc câte 3-4 chiftele la foc mediu până se rumenesc.
- Scurgeți pe hârtie absorbantă. Se serveste fierbinte cu chutney de menta.

pâine Upma

(gustare cu paine)

Porti 4

ingrediente

2 linguri de ulei vegetal rafinat

½ linguriță de semințe de muștar

½ linguriță de semințe de chimen

3 ardei iute verzi, feliați pe lungime

½ linguriță de turmeric

¼ lingurita asafoetida

2 cepe, tocate mărunt

2 rosii, tocate marunt

Sarat la gust

2 lingurite de zahar

3-4 linguri de apă

15 felii de pâine, tăiate în bucăți mici

1 lingura frunze de coriandru, tocate

Metodă

- Încinge uleiul într-o tigaie. Adăugați semințele de muștar, semințele de chimen, ardei iute verzi, turmeric și asafoetida. Lăsați-le să picure timp de 15 secunde.
- Adăugați ceapa și căleți până devine translucid. Adăugați roșiile, sarea, zahărul și apa. Se aduce la fierbere la foc mediu.
- Adăugați pâinea și amestecați bine. Se fierbe timp de 2-3 minute, amestecând din când în când.
- Se ornează cu frunze de coriandru. Se serveste fierbinte.

Khaja picant

(Găluște picante cu ghimbir)

Face 25-30

ingrediente

500g/1lb de 2oz besan*

85 g/3 oz făină albă

2 lingurițe de pudră de chili

½ linguriță de semințe de ajowan

½ linguriță de semințe de chimen

1 lingura frunze de coriandru, tocate

Sarat la gust

200 ml de apă

1 lingura ulei vegetal rafinat plus extra pentru prajit

Metodă

- Amestecă toate ingredientele, cu excepția uleiului de prăjit, într-un aluat moale.

- Faceți 25-30 de bile de 10 cm în diametru. Înțepați totul cu o furculiță.

- Se lasa sa se usuce pe o carpa curata timp de 25-30 de minute.

- Se prăjește până se rumenește. Scurgeți, răciți și păstrați până la 15 zile.

Cartofi crocanti

Porti 4

ingrediente

500 g de iaurt grecesc

1 lingurita pasta de ghimbir

1 lingurita pasta de usturoi

1 lingurita garam masala

1 lingurita de chimion macinat, prajit uscat

1 lingura frunze de menta, tocate

½ lingurita frunze de coriandru, tocate

Sarat la gust

2 linguri de ulei vegetal rafinat

4-5 cartofi, curățați și tăiați fâșii julienne

Metodă

- Bateți iaurtul într-un castron. Adăugați toate ingredientele, cu excepția uleiului și a cartofilor. Amesteca bine.

- Marinați cartofii cu iaurtul timp de 3-4 ore la frigider.

- Turnați uleiul într-o tigaie antiaderentă și puneți deasupra cartofii marinați.

- Grill timp de 10 minute. Întoarceți cartofii și puneți-i la grătar încă 8-10 minute până devin crocante. Se serveste fierbinte.

Dhal Vada

(bile mixte de linte prăjită)

acum 15

ingrediente

300 g/10 oz întreg masoor dhal*

150 g de masoor dhal*

1 ceapa mare, tocata marunt

2,5 cm rădăcină de ghimbir, tocată mărunt

3 ardei iute verzi, tocate mărunt

¼ de lingură de asafoetida

Sarat la gust

Ulei vegetal rafinat pentru prajit

Metodă

- Amestecați dhalurile împreună. Puneți-l într-o strecurătoare și turnați apă în ea. Dați deoparte o oră. Uscați cu un prosop.

- Măcinați dhalurile într-o pastă. Adăugați toate celelalte ingrediente, cu excepția uleiului. Amesteca bine si modeleaza amestecul in chiftele.

- Încinge uleiul într-o tigaie. Prăjiți chiftelele la foc mediu până se rumenesc. Se serveste fierbinte cu chutney de menta

Creveți prăjiți în aluat

Porti 4

ingrediente

250 g creveți, curățați

250 g fasan*

2 ardei iute verzi, tocati marunt

1 lingurita de pudra de chili

1 lingurita de turmeric

1 lingurita coriandru macinat

1 lingurita chimen macinat

½ linguriță de amchoor*

1 ceapa mica, rasa

¼ lingurita de bicarbonat de sodiu

Sarat la gust

Ulei vegetal rafinat pentru prajit

Metodă

- Amestecă toate ingredientele, cu excepția uleiului, împreună cu suficientă apă pentru a forma un aluat gros.
- Încinge uleiul într-o tigaie. Se toarnă câteva linguri de aluat și se lasă să se înmoaie la foc mediu până se rumenește pe toate părțile.
- Repetați pentru aluatul rămas. Se serveste fierbinte.

Macrou în sos de roșii

Porti 4

ingrediente

1 lingura de ulei vegetal rafinat

2 cepe mari, tocate mărunt

2 rosii, tocate marunt

1 lingura de pasta de ghimbir

1 lingura de pasta de usturoi

1 lingurita de pudra de chili

½ linguriță de turmeric

8 kokums uscate*

2 ardei iute verzi, feliați

Sarat la gust

4 macrou mari, decojite și filetate

120 ml de apă

Metodă

- Încinge uleiul într-o cratiță. Prăjiți ceapa la foc mediu până se rumenește. Adăugați toate celelalte ingrediente, cu excepția peștelui și a apei. Se amestecă bine și se călește timp de 5-6 minute.
- Adăugați peștele și apa. Amesteca bine. Gatiti 15 minute si serviti fierbinti.

Konju Ullaruathu

(Scampi în Red Masala)

Porti 4

ingrediente

120 ml de ulei vegetal rafinat

1 ceapa mare, tocata marunt

5 cm rădăcină de ghimbir, feliată fin

12 căței de usturoi, tăiați mărunt

2 linguri ardei iute verzi, tocate marunt

8 frunze de curry

2 rosii, tocate marunt

1 lingurita de turmeric

2 lingurite coriandru macinat

1 lingurita fenicul macinat

600 g de scampi, decojiți și devenați

3 lingurițe de pudră de chili

Sarat la gust

1 lingurita garam masala

Metodă

- Încinge uleiul într-o cratiță. Adăugați ceapa, ghimbirul, usturoiul, ardeiul verde și frunzele de curry și căleți la foc mediu timp de 1-2 minute.
- Adăugați toate celelalte ingrediente, cu excepția garam masala. Se amestecă bine și se fierbe la foc mic timp de 15-20 de minute.
- Se presară garam masala și se servește fierbinte.

Chemeen Manga Curry

(Curry de creveți cu mango verde)

Porti 4

ingrediente

200 g nucă de cocos proaspătă, rasă

1 lingură de pudră de chili

2 cepe mari, tăiate mărunt

3 linguri de ulei vegetal rafinat

2 ardei iute verzi, tocati

1 inch rădăcină de ghimbir, feliată subțire

Sarat la gust

1 lingurita de turmeric

1 mango mic necopt, tăiat cubulețe

120 ml de apă

750 g / 1 lb creveți tigru, fără coajă și fără nervuri

1 linguriță de semințe de muștar

10 frunze de curry

2 ardei iute roșii întregi

4-5 salote, feliate

Metodă

- Măcinați nuca de cocos, pudra de chili și jumătate de ceapă împreună. Raft.
- Încinge jumătate din ulei într-o cratiță. Căleți ceapa rămasă cu ardeiul verde, ghimbirul, sare și turmeric la foc mic timp de 3-4 minute.
- Adăugați pasta de cocos, mango necoapt și apă. Se fierbe timp de 8 minute.
- Adăugați creveții. Gatiti 10-12 minute si puneti deoparte.
- Încinge uleiul rămas. Adăugați semințele de muștar, frunzele de curry, ardeii iute și eșalota. Se prăjește timp de un minut. Adăugați acest amestec la creveți și serviți fierbinți.

Machchi prajit simplu

(Peste prajit cu condimente)

Porti 4

ingrediente

8 file de pește alb ferm, cum ar fi codul

¾ linguriță de turmeric

½ linguriță de pudră de chili

1 lingurita de suc de lamaie

250 ml ulei vegetal rafinat

2 linguri de faina alba

Metodă

- Marinați peștele în turmeric, pudra de chili și zeama de lămâie timp de 1 oră.
- Încinge uleiul într-o tigaie. Ungem peștele cu făină și se prăjește la foc mediu timp de 3-4 minute. Întoarceți și prăjiți timp de 2-3 minute. Se serveste fierbinte.

Machher Kalia

(Pește în sos bogat)

Porti 4

ingrediente

1 lingurita seminte de coriandru

2 lingurițe de semințe de chimen

1 lingurita de pudra de chili

1 inch rădăcină de ghimbir, decojită

250 ml apă

120 ml de ulei vegetal rafinat

500 g file de păstrăv 2 oz, decojite

3 foi de dafin

1 ceapa mare, tocata marunt

4 catei de usturoi, tocati marunt

4 ardei iute verzi, feliați

Sarat la gust

1 lingurita de turmeric

2 linguri de iaurt

Metodă

- Se macină semințele de coriandru, semințele de chimen, pudra de ardei iute și ghimbirul cu suficientă apă pentru a forma o pastă groasă. Raft.
- Încinge uleiul într-o cratiță. Adauga pestele si calit la foc mediu 3-4 minute. Întoarceți și repetați. Scurgeți și puneți deoparte.
- În același ulei se adaugă foile de dafin, ceapa, usturoiul și ardeiul verde. Se prăjește timp de 2 minute. Adaugati celelalte ingrediente, pestele prajit si pastele. Se amestecă bine și se fierbe timp de 15 minute. Se serveste fierbinte.

Pește Prăjit În Ou

Porti 4

ingrediente

500g/1lb 2oz John Dory, decojit și filet

Suc de 1 lămâie

Sarat la gust

2 oua

1 lingura de faina alba

½ lingurita piper negru macinat

1 lingurita de pudra de chili

250 ml ulei vegetal rafinat

100 g de pesmet

Metodă

- Marinam pestele in zeama de lamaie si sare timp de 4 ore.
- Bateți ouăle cu făina, piperul și praful de chilli.
- Încinge uleiul într-o tigaie. Înmuiați peștele marinat în amestecul de ouă, rulați în pesmet și prăjiți la foc mic până se rumenește. Se serveste fierbinte.

Lau Chingri

(Creveți cu dovleac)

Porti 4

ingrediente

250 g creveți, curățați

500 g 2 oz dovleac, tăiat cubulețe

2 linguri de ulei de muștar

¼ linguriță de semințe de chimen

1 frunză de dafin

½ linguriță de turmeric

1 lingura coriandru macinat

¼ lingurita zahar

1 lingura de lapte

Sarat la gust

Metodă

- Se fierb creveții și dovleacul timp de 15-20 de minute. Raft.
- Încinge uleiul într-o cratiță. Adăugați semințele de chimen și frunza de dafin. Se prăjește timp de 15 secunde. Adăugați turmeric și coriandru măcinat. Se prăjește la foc mediu timp de 2-3 minute. Adăugați zahărul, laptele, sarea și creveții aburiți și dovleacul. Gatiti 10 minute. Se serveste fierbinte.

Pește de roșii

Porti 4

ingrediente

2 linguri de faina alba

1 lingurita piper negru macinat

500 g/1 lb talpă de lămâie, curățată și fileată

3 linguri de unt

2 foi de dafin

1 ceapa mica, rasa

6 catei de usturoi, tocati marunt

2 linguri de suc de lamaie

6 linguri supa de peste

150 g piure de roșii

Sarat la gust

Metodă

- Se amestecă făina și piperul împreună. Înmuiați peștele în amestec.
- Se încălzește untul într-o tigaie. Prăjiți peștele la foc mediu până devine auriu. Scurgeți și puneți deoparte.
- În același unt, prăjiți frunzele de dafin, ceapa și usturoiul la foc mediu timp de 2-3 minute. Adăugați peștele prăjit și toate celelalte ingrediente. Se amestecă bine și se fierbe timp de 20 de minute. Se serveste fierbinte.

Chingri Machher Kalia

(Curry bogat de creveți)

Porti 4

ingrediente

24 de creveți mari, decojiți și devenați

½ linguriță de turmeric

Sarat la gust

250 ml apă

3 linguri de ulei de muștar

2 cepe mari, ras fin

6 ardei iute roșu uscat, măcinat

2 linguri frunze de coriandru, tocate mărunt

Metodă

- Gătiți creveții cu turmeric, sare și apă într-o cratiță la foc mediu timp de 20-25 de minute. Raft. Nu aruncați apa.
- Încinge uleiul într-o cratiță. Adaugati ceapa si ardeiul rosu si caliti la foc mediu 2-3 minute.
- Se adauga crevetii fierti si apa rezervata. Se amestecă bine și se fierbe timp de 20-25 de minute. Se ornează cu frunze de coriandru. Se serveste fierbinte.

Kebab de pește Tikka

Porti 4

ingrediente

1 lingura de otet de malt

1 lingura de iaurt

1 lingurita pasta de ghimbir

1 lingurita pasta de usturoi

2 ardei iute verzi, tocati marunt

1 lingurita garam masala

1 lingurita chimen macinat

1 lingurita de pudra de chili

Un strop de colorant alimentar portocaliu

Sarat la gust

675 g de monkfish, decojit si filet

Metodă

- Se amestecă toate ingredientele, cu excepția peștelui. Marinați peștele cu acest amestec timp de 3 ore.
- Aranjați peștele marinat pe frigărui și puneți la grătar timp de 20 de minute. Se serveste fierbinte.

Chiftele de legume

acum 12

ingrediente

2 linguri pudră de săgeată

4-5 cartofi mari, fierti si rasi

1 lingura ulei vegetal rafinat plus extra pentru prajit

125 g fașă*

25 g / puțin 1 oz nucă de cocos proaspătă, mărunțită

4-5 caju

3-4 stafide

125 g mazăre congelată, fiartă

2 lingurițe de semințe de rodie uscate

2 lingurite coriandru macinat grosier

1 lingurita de seminte de fenicul

½ lingurita piper negru macinat

½ linguriță de pudră de chili

1 lingurita de amchoor*

½ lingurita sare grunjoasa

Sarat la gust

Metodă

- Amestecați săgeata, cartofii și 1 lingură de ulei. Raft.

- Pentru a face umplutura, amestecați celelalte ingrediente, cu excepția uleiului.

- Împărțiți aluatul de cartofi în chiftele rotunde. Pune o lingură de umplutură în centrul fiecărei chifle. Sigilați-le ca pe o pungă și aplatizați-le.

- Se încălzește uleiul rămas într-o cratiță. Prăjiți chiftelele la foc mic până se rumenesc. Se serveste fierbinte.

Bhel a încolțit fasole

(Gustare gustoasă cu fasole încolțită)

Porti 4

ingrediente

100 g fasole mung încolțită, fiartă

250 g de kaala chana*, fiert

3 cartofi mari, fierti si tocati

2 rosii mari, tocate marunt

1 ceapa de marime medie, tocata

Sarat la gust

Pentru garnitura:

2 linguri de chutney de mentă

2 linguri chutney de mango cald și dulce

4-5 linguri de iaurt

100 g de cartofi prăjiți, zdrobiți

10 g frunze de coriandru, tocate

Metodă

- Se amestecă toate ingredientele, cu excepția ingredientelor pentru garnitură.
- Se ornează în ordinea în care sunt enumerate ingredientele. Serviți imediat.

Aloo Kachori

(găluşte de cartofi prăjiţi)

acum 15

ingrediente

350 g de făină integrală

1 lingura ulei vegetal rafinat plus extra pentru prajit

1 linguriță de semințe de ajowan

Sarat la gust

5 cartofi, fierți și piureați

2 lingurițe de pudră de chili

1 lingura frunze de coriandru, tocate

Metodă

- Se amestecă făina, 1 lingură de ulei, semințele de ajowan și sarea. Împărțiți în bile de mărimea unei lămâi. Aplatizați fiecare între palme și lăsați deoparte.
- Amestecați cartofii, pudra de ardei iute, frunzele de coriandru și puțină sare.
- Puneți o porție din acest amestec în centrul fiecărei chifle. Sigilați prin unirea marginilor.
- Încinge uleiul într-o tigaie. Prăjiți kachoris-ul la foc mediu până se rumenesc. Scurgeti si serviti fierbinti.

Doza dieta

(Crêpă dietetică)

acum 12

ingrediente

300 g/10 oz mung dhal*, scufundat în 250 ml apă timp de 3-4 ore

3-4 ardei iute verzi

2,5 cm de rădăcină de ghimbir

100 g gris

1 lingura de smantana

50 g frunze de coriandru, tocate

6 frunze de curry

Ulei vegetal rafinat pentru ungere

Sarat la gust

Metodă

- Amestecă dhal-ul cu ardei iute verde și ghimbir. Se macină împreună.
- Adăugați grisul și smântâna. Amesteca bine. Adăugați frunzele de coriandru, frunzele de curry și suficientă apă pentru a face un aluat gros.

- Se unge o tigaie plată și se încălzește. Turnați peste el 2 linguri de aluat și întindeți-l cu dosul unei linguri. Gatiti 3 minute la foc mic. Întoarceți și repetați.
- Repetați pentru aluatul rămas. Se serveste fierbinte.

Rula nutritivă

Face 8-10

ingrediente

200 g spanac, tocat mărunt

1 morcov, tocat fin

125 g de mazăre congelată

50 g fasole mung încolțită

3-4 cartofi mari, fierți și piureați

2 cepe mari, tocate mărunt

½ lingurita pasta de ghimbir

½ linguriță de pastă de usturoi

1 ardei iute verde, tocat fin

½ linguriță de amchoor*

Sarat la gust

½ linguriță de pudră de chili

3 linguri frunze de coriandru, tocate mărunt

Ulei vegetal rafinat pentru prăjirea superficială

8-10 chapatis

2 linguri chutney de mango cald și dulce

Metodă

- Se fierb spanacul, morcovii, mazărea și fasolea mung.
- Amestecați legumele la abur cu cartofii, ceapa, pasta de ghimbir, pasta de usturoi, ardei iute, amchoor, sare, praf de ardei iute și frunze de coriandru. Amestecați bine pentru a obține un amestec omogen.
- Formați amestecul în cotlet mici.
- Încinge uleiul într-o cratiță. Prăjiți cotleturile la foc mediu până se rumenesc. Scurgeți și puneți deoparte.
- Întindeți niște chutney de mango fierbinte și dulce pe un chapatti. Puneți un cotlet în centru și rulați chapatti.
- Repetați pentru toate chapatis. Se serveste fierbinte.

Sabudana Palak Doodhi Uttapam

(Clătită cu sago, spanac și dovlecei îmbuteliați)

face 20

ingrediente

1 lingurita toor dhal*

1 lingurita mung dhal*

1 lingurita de fasole urad*

1 lingurita masoor dhal*

3 linguri de orez

100 g de sago, măcinat grosier

50 g spanac, fiert la abur și măcinat

¼ sticla de dovleac*, ras

125 g fașă*

½ linguriță de chimen măcinat

1 lingurita frunze de menta, tocate marunt

1 ardei iute verde, tocat fin

½ lingurita pasta de ghimbir

Sarat la gust

100 ml de apă

Ulei vegetal rafinat pentru prajit

Metodă

- Măcinați împreună toor dhal, mung dhal, fasole urad, masoor dhal și orez. Raft.
- Înmuiați sago timp de 3-5 minute. Se scurge complet.
- Se amestecă cu amestecul de dhal-orez măcinat.
- Adăugați spanacul, tărtăcuța de sticlă, besanul, chimenul măcinat, frunzele de mentă, ardeiul iute verde, pasta de ghimbir, sare și apă după cum este necesar pentru a face un aluat gros. Se lasa deoparte 30 de minute.
- Se unge o tava si se lasa sa se incinga. Se toarnă 1 lingură de aluat în tigaie și se întinde cu dosul unei linguri.
- Acoperiți și gătiți la foc mediu până când partea inferioară este maro deschis. Întoarceți și repetați.
- Repetați pentru aluatul rămas. Serviți fierbinte cu ketchup sau chutney de nucă de cocos verde

Poha

Porti 4

ingrediente

150 g/5½ oz poha*

1½ linguri de ulei vegetal rafinat

½ linguriță de semințe de chimen

½ linguriță de semințe de muștar

1 cartof mare, tocat fin

2 cepe mari, tăiate mărunt

5-6 ardei iute verzi, tocati marunt

8 frunze de curry, tocate grosier

¼ linguriță de turmeric

45 g de arahide prăjite (opțional)

25 g / puțin 1 oz de nucă de cocos proaspătă, mărunțită sau răzuită

10 g frunze de coriandru, tocate mărunt

1 lingurita de suc de lamaie

Sarat la gust

Metodă

- Spălați bine poha. Scurgeți complet apa și lăsați poha deoparte într-o strecurătoare timp de 15 minute.
- Slăbiți ușor bulgări de poha cu degetele. Raft.
- Încinge uleiul într-o cratiță. Adăugați chimenul și semințele de muștar. Lăsați-le să picure timp de 15 secunde.
- Adaugati cartofii tocati. Se caleste la foc mediu 2-3 minute. Adăugați ceapa, ardei iute verde, frunze de curry și turmeric. Gatiti pana ce ceapa devine translucida. Se ia de pe foc.
- Adăugați poha, alunele prăjite și jumătate din frunzele de nucă de cocos și coriandru mărunțite. Amesteca bine.
- Stropiți cu suc de lămâie și sare. Gatiti la foc mic timp de 4-5 minute.
- Se ornează cu frunzele de cocos și coriandru rămase. Se serveste fierbinte.

Cotlet de legume

Face 10-12

ingrediente

2 cepe, tocate mărunt

5 catei de usturoi

¼ linguriță de semințe de fenicul

2-3 ardei iute verzi

10 g frunze de coriandru, tocate mărunt

2 morcovi mari, tocati marunt

1 cartof mare, tocat fin

1 sfecla rosie mica, tocata marunt

50 g fasole verde, tocata marunt

50 g de mazăre verde

900 ml/1 litru și jumătate de apă

Sarat la gust

¼ linguriță de turmeric

2-3 linguri de besan*

1 lingura ulei vegetal rafinat plus extra pentru prajit

50 g pesmet

Metodă

- Măcinați 1 ceapă, usturoiul, semințele de fenicul, ardeiul iute și frunzele de coriandru într-o pastă netedă. Raft.
- Intr-o cratita se amesteca morcovii, cartofii, sfecla rosie, fasolea verde si mazarea. Adăugați 500 ml de apă, sare și turmeric și gătiți la foc mediu până când legumele sunt moi.
- Se pasează bine legumele și se lasă deoparte.
- Amestecă besanul și apa rămasă până se formează un aluat fin. Raft.
- Se încălzește 1 lingură de ulei într-o cratiță. Adaugati ceapa ramasa si caliti pana devine translucida.
- Se adauga pasta de ceapa-usuroi si se caleste timp de un minut la foc mediu, amestecand continuu.
- Adăugați piureul de legume și amestecați bine.
- Se ia de pe foc si se lasa deoparte sa se raceasca.
- Împărțiți acest amestec în 10-12 bile. Aplatizați între palme pentru a face chifteluțe.
- Înmuiați chiftelele în aluat și rulați-le în pesmet.
- Încinge uleiul într-o tigaie. Prăjiți chiftelele până se rumenesc pe ambele părți.
- Se serveste fierbinte cu ketchup.

Uppit de soia

(Gustare cu boabe de soia)

Porti 4

ingrediente

1½ linguri de ulei vegetal rafinat

½ linguriță de semințe de muștar

2 ardei iute verzi, tocati marunt

2 ardei iute roșii, tăiați mărunt

Un praf de asafoetida

1 ceapa mare, tocata marunt

2,5 cm rădăcină de ghimbir, tăiată fâșii julienne

10 catei de usturoi, tocati marunt

6 frunze de curry

100 g gris de soia*, prăjită uscată

100 g gris, prajit uscat

200 g de mazăre

500 ml de apă caldă

¼ linguriță de turmeric

1 lingurita de zahar

1 lingurita de sare

1 rosie mare, tocata marunt

2 linguri frunze de coriandru, tocate mărunt

15 stafide

10 caju

Metodă

- Încinge uleiul într-o cratiță. Adăugați semințele de muştar. Lăsaţi-le să picure timp de 15 secunde.
- Adăugați ardeiul verde, ardeiul roşu, asafoetida, ceapa, ghimbirul, usturoiul și frunzele de curry. Se prăjeşte la foc mediu timp de 3-4 minute, amestecând des.
- Adăugați nisipul de soia, nisipul și mazărea. Gatiti pana cand ambele tipuri de gris sunt bine rumenite.
- Adăugați apa fierbinte, turmericul, zahărul și sarea. Gatiti la foc mediu pana cand apa se usuca.
- Se ornează cu roşii, frunze de coriandru, stafide şi caju.
- Se serveste fierbinte.

Upma

(Mâcar de gris pentru micul dejun)

Porti 4

ingrediente

1 lingura de unt clarificat

150 g gris

1 lingura de ulei vegetal rafinat

¼ de linguriță de semințe de muștar

1 lingurita de urad dhal*

3 ardei iute verzi, feliați pe lungime

8-10 frunze de curry

1 ceapa de marime medie, tocata marunt

1 rosie de marime medie, tocata marunt

750 ml apă

1 linguriță plină de zahăr

Sarat la gust

50 g mazăre conservată (opțional)

25 g/1 oz frunze mici de coriandru, tocate mărunt

Metodă

- Se încălzeşte ghee-ul într-o tigaie. Se adauga grisul si se caleste, amestecand des, pana cand grisul devine maro auriu. Raft.
- Încinge uleiul într-o cratiţă. Adăugaţi seminţele de muştar, urad dhal, ardei iute şi frunze de curry. Se prăjeşte până când urad dhal devine maro.
- Adăugaţi ceapa şi prăjiţi la foc mic până devine translucid. Adăugaţi roşia şi prăjiţi încă 3-4 minute.
- Adăugaţi apa şi amestecaţi bine. Gatiti la foc mediu pana cand amestecul incepe sa fiarba. Amesteca bine.
- Adăugaţi zahărul, sarea, grisul şi mazărea. Amesteca bine.
- Gatiti la foc mic, amestecand continuu timp de 2-3 minute.
- Se ornează cu frunze de coriandru. Se serveste fierbinte.

Vermicelli Upma

(Vermicelli cu ceapa)

Porti 4

ingrediente

3 linguri de ulei vegetal rafinat

1 lingurita mung dhal*

1 lingurita de urad dhal*

¼ de linguriță de semințe de muștar

8 frunze de curry

10 alune

10 caju

1 cartof mediu, tocat fin

1 morcov mare, tocat mărunt

2 ardei iute verzi, tocati marunt

1/2 cm rădăcină de ghimbir, tocată mărunt

1 ceapa mare, tocata marunt

1 rosie, tocata marunt

50 g de mazăre congelată

Sarat la gust

1 litru/1¾ litri de apă

200 g de vermicelli

2 linguri de unt clarificat

Metodă

- Încinge uleiul într-o cratiță. Adăugați mung dhal, urad dhal, semințe de muștar și frunze de curry. Lasă-le să sfârâie timp de 30 de secunde.
- Adăugați alunele și caju. Se prăjește la foc mediu până se rumenește.
- Adăugați cartoful și morcovul. Se prăjește timp de 4-5 minute.
- Adăugați ardeiul, ghimbirul, ceapa, roșiile, mazărea și sarea. Gatiti la foc mediu, amestecand des, pana cand legumele sunt fragede.
- Adăugați apa și aduceți la fiert. Amesteca bine.
- Adăugați vermicelli în timp ce continuați să amestecați pentru a preveni formarea de cocoloașe.
- Acoperiți cu un capac și gătiți la foc mic timp de 5-6 minute.
- Adăugați ghee-ul și amestecați bine. Se serveste fierbinte.

Bonda

(cotlet de cartofi)

face 10

ingrediente

5 linguri ulei vegetal rafinat plus extra pentru prajit

½ linguriță de semințe de muștar

2,5 mm rădăcină de ghimbir, tocată mărunt

2 ardei iute verzi, tocati marunt

50 g frunze de coriandru, tocate mărunt

1 ceapa mare, tocata marunt

4 cartofi de marime medie, fierti si pasati

1 morcov mare, tocat mărunt și fiert

125 g de mazăre conservată

Un praf de turmeric

Sarat la gust

1 lingurita de suc de lamaie

250 g fasan*

200 ml de apă

½ linguriță de praf de copt

Metodă

- Încinge 4 linguri de ulei într-o cratiță. Adăugați semințele de muștar, ghimbirul, ardeiul verde, frunzele de coriandru și ceapa. Se prăjește la foc mediu, amestecând din când în când, până când ceapa devine maro aurie.
- Adăugați cartofii, morcovul, mazărea, turmericul și sarea. Gatiti la foc mic timp de 5-6 minute, amestecand din cand in cand.
- Stoarceți zeama de lămâie și împărțiți amestecul în 10 bile. Raft.
- Amestecați fasolea, apa și drojdia cu 1 lingură de ulei pentru a face aluatul.
- Încinge uleiul într-o cratiță. Înmuiați fiecare biluță de cartofi în aluat și prăjiți la foc mediu până se rumenesc.
- Se serveste fierbinte.

Dhokla instantanee

(Quiche la abur instant)

Face 15-20

ingrediente

250 g fasan*

1 lingurita de sare

2 linguri de zahar

2 linguri de ulei vegetal rafinat

½ lingură de suc de lămâie

240 ml apă

1 lingura de praf de copt

1 linguriță de semințe de muștar

2 ardei iute verzi, feliati pe lungime

Câteva frunze de curry

1 lingura de apa

2 linguri frunze de coriandru, tocate mărunt

1 lingură nucă de cocos proaspătă, mărunțită

Metodă

- Amestecați fasolea, sarea, zahărul, 1 lingură de ulei, sucul de lămâie și apa pentru a obține un aluat fin.
- Ungeți o formă rotundă de 20 cm de tort.
- Adăugați praful de copt în aluat. Se amestecă bine și se toarnă imediat în forma cu unt. Se fierbe la abur timp de 20 de minute.
- Înțepați cu o furculiță pentru a verifica dacă este gata. Dacă furculița nu iese curată, gătiți din nou la abur timp de 5-10 minute. Raft.
- Se încălzește uleiul rămas într-o cratiță. Adăugați semințele de muștar. Lăsați-le să picure timp de 15 secunde.
- Adăugați ardei iute verzi, frunze de curry și apă. Gatiti la foc mic timp de 2 minute.
- Turnați acest amestec pe dhokla și lăsați-l să absoarbă lichidul.
- Se orneaza cu frunze de coriandru si nuca de cocos rasa.
- Tăiați în pătrate și serviți cu chutney de mentă

Dhal Maharani

(Linte neagră și fasole)

Porti 4

ingrediente

150 g/5½ oz urad dhal*

2 linguri de fasole rosie

1,4 litri/2½ litri de apă

Sarat la gust

1 lingura de ulei vegetal rafinat

½ linguriță de semințe de chimen

1 ceapa mare, tocata marunt

3 rosii de marime medie, tocate

1 lingurita pasta de ghimbir

½ linguriță de pastă de usturoi

½ linguriță de pudră de chili

½ linguriță garam masala

120 ml de smântână proaspătă proaspătă

Metodă

- Înmuiați urad dhal și fasolea roșie împreună peste noapte. Se scurge si se fierbe impreuna intr-o cratita cu apa si sare timp de 1 ora la foc mediu. Raft.
- Încinge uleiul într-o cratiță. Adăugați semințele de chimen. Lăsați-le să picure timp de 15 secunde.
- Adăugați ceapa și căleți la foc mediu până se rumenește.
- Adăugați roșiile. Amesteca bine. Adăugați pasta de ghimbir și pasta de usturoi. Se prăjește timp de 5 minute.
- Adăugați dhalul fiert și amestecul de fasole, praf de chilli și garam masala. Amesteca bine.
- Adăugați smântâna. Se fierbe timp de 5 minute, amestecând des.
- Serviți fierbinte cu naan sau orez aburit

Milagu Kuzhambu

(Red Gram crapat in sos de piper)

Porti 4

ingrediente

2 lingurite de unt clarificat

2 linguriţe de seminţe de coriandru

1 lingura de pasta de tamarind

1 lingurita piper negru macinat

¼ lingurita asafoetida

Sarat la gust

1 lingură de toor dhal*, gătit

1 litru/1¾ litri de apă

¼ de linguriţă de seminţe de muştar

1 ardei verde, tocat

¼ linguriţă de turmeric

10 frunze de curry

Metodă

- Se încălzește câteva picături de ghee într-o cratiță. Adăugați semințele de coriandru și prăjiți la foc mediu timp de 2 minute. Răciți și măcinați.
- Se amestecă cu pasta de tamarind, piper, asafoetida, sare și dhal într-o cratiță mare.
- Adăugați apa. Se amestecă bine și se aduce la fierbere la foc mediu. Raft.
- Se încălzește ghee-ul rămas într-o cratiță. Adăugați semințele de muștar, ardei iute verde, turmeric și frunze de curry. Lăsați-le să picure timp de 15 secunde.
- Adăugați asta la dhal. Se serveste fierbinte.

Dhal Hariyali

(Bengal gram împărțit verdeață cu frunze)

Porti 4

ingrediente

300g/10oz sau dhal*

1,4 litri/2½ litri de apă

Sarat la gust

2 linguri de unt clarificat

1 lingurita de seminte de chimen

1 ceapa, tocata marunt

½ lingurita pasta de ghimbir

½ linguriță de pastă de usturoi

½ linguriță de turmeric

50 g spanac, tocat

10 g frunze de schinduf, tocate mărunt

25 g / puține 1 oz frunze de coriandru

Metodă

- Gatiti dhal-ul cu apa si sare intr-o cratita timp de 45 de minute, amestecand des. Raft.
- Se încălzește ghee-ul într-o cratiță. Adăugați semințele de chimen, ceapa, pasta de ghimbir, pasta de usturoi și turmeric. Se prajesc 2 minute la foc mic, amestecand continuu.
- Adăugați spanacul, frunzele de schinduf și frunzele de coriandru. Se amestecă bine și se fierbe timp de 5-7 minute.
- Se serveste fierbinte cu orez aburit

Dhalcha

(Gram bengal împărțit cu miel)

Porti 4

ingrediente

150 g de chana dhal*

150g/5½ oz sau dhal*

2,8 litri/5 litri de apă

Sarat la gust

2 linguri de pasta de tamarind

2 linguri de ulei vegetal rafinat

4 cepe mari, tocate

5 cm de rădăcină de ghimbir, rasă

10 catei de usturoi, macinati

750 g 10 oz miel, tocat

1,4 litri/2½ litri de apă

3-4 rosii, tocate

1 lingurita de pudra de chili

1 lingurita de turmeric

1 lingurita garam masala

20 de frunze de curry

25 g/1 oz frunze mici de coriandru, tocate mărunt

Metodă

- Gatiti dhal-ul cu apa si sare timp de 1 ora la foc mediu. Se adauga pasta de tamarind si se paseaza bine. Raft.
- Încinge uleiul într-o cratiță. Adăugați ceapa, ghimbirul și usturoiul. Se prăjește la foc mediu până se rumenește. Adăugați mielul și amestecați constant până se rumenește.
- Adăugați apa și fierbeți până când mielul este fraged.
- Adăugați roșiile, pudra de chili, turmericul și sarea. Amesteca bine. Gatiti inca 7 minute.
- Adăugați dhal, garam masala și frunzele de curry. Amesteca bine. Se fierbe timp de 4-5 minute.
- Se ornează cu frunze de coriandru. Se serveste fierbinte.

Tarkari Dhalcha

(Gram bengal împărțit cu legume)

Porti 4

ingrediente

150 g de chana dhal*

150g/5½ oz sau dhal*

Sarat la gust

3 litri/5¼ litri de apă

10 g frunze de mentă

10 g frunze de coriandru

2 linguri de ulei vegetal rafinat

½ linguriță de semințe de muștar

½ linguriță de semințe de chimen

Un praf de seminte de schinduf

Un praf de semințe de kalonji*

2 ardei iute roșu uscat

10 frunze de curry

½ lingurita pasta de ghimbir

½ linguriță de pastă de usturoi

½ linguriță de turmeric

1 lingurita de pudra de chili

1 lingurita de pasta de tamarind

500 g 2 oz dovleac, tăiat mărunt

Metodă

- Gatiti ambele dhal-uri cu sare, 2,5 litri/4 litri de apa si jumatate de menta si coriandru intr-o cratita la foc mediu timp de 1 ora. Se macină într-o pastă groasă. Raft.
- Încinge uleiul într-o cratiță. Adăugați semințele de muștar, chimenul, schinduful și kalonji. Lăsați-le să picure timp de 15 secunde.

- Adăugați ardei iute roșu și frunze de curry. Se prăjește la foc mediu timp de 15 secunde.
- Adăugați pasta dhal, pasta de ghimbir, pasta de usturoi, turmeric, pudra de ardei iute și pasta de tamarind. Amesteca bine. Gatiti la foc mediu, amestecand des, timp de 10 minute.
- Adăugați apa rămasă și dovleceii. Gatiti pana cand dovleceii sunt fierti.
- Adăugați restul de mentă și frunzele de coriandru. Gatiti 3-4 minute.
- Se serveste fierbinte.

Dhokar Dhalna

(Cubottini di dhal prăjiți în curry)

Porti 4

ingrediente

600g/1lb 5oz chana dhal*, înmuiați peste noapte

120 ml de apă

Sarat la gust

4 linguri ulei vegetal rafinat plus extra pentru prajit

3 ardei iute verzi, tocate

½ lingurita asafoetida

2 cepe mari, tocate mărunt

1 frunză de dafin

1 lingurita pasta de ghimbir

1 lingurita pasta de usturoi

1 lingurita de pudra de chili

¾ linguriță de turmeric

1 lingurita garam masala

1 lingura frunze de coriandru, tocate marunt

Metodă

- Se macină dhal-ul cu apă și puțină sare într-o pastă groasă. Raft.
- Se încălzește 1 lingură de ulei într-o cratiță. Adăugați ardeiul verde și asafoetida. Lăsați-le să picure timp de 15 secunde. Se amestecă pasta dhal și puțină sare. Amesteca bine.
- Întindeți acest amestec pe o tavă pentru a-l lăsa să se răcească. Tăiați în bucăți de 2,5 cm.
- Se incinge uleiul pentru prajit intr-o cratita. Prăjiți bucățile până se rumenesc. Raft.
- Încinge 2 linguri de ulei într-o cratiță. Prăjiți ceapa până se rumenește. Tăiați-le într-o pastă și lăsați-le deoparte.
- Se încălzește 1 lingură de ulei rămasă într-o cratiță. Adăugați frunza de dafin, bucățile de dhal prăjite, pasta de ceapă prăjită, pasta de ghimbir, pasta de usturoi, pudra de ardei iute, turmeric și garam masala. Adăugați suficientă apă pentru a acoperi bucățile de dhal. Se amestecă bine și se fierbe timp de 7-8 minute.
- Se ornează cu frunze de coriandru. Se serveste fierbinte.

șopârlă monitor

(Gram Dhal Red Divided Plain)

Porti 4

ingrediente

300g/10oz sau dhal*

2,4 litri/4 litri de apă

¼ lingurita asafoetida

½ linguriță de turmeric

Sarat la gust

Metodă

- Gatiti toate ingredientele intr-o cratita timp de aproximativ 1 ora la foc mediu.
- Se serveste fierbinte cu orez aburit

Dhal dulce

(Sweet Cracked Red Gram)

Porții 4-6

ingrediente

300g/10oz sau dhal*

2,5 litri/4 litri de apă

Sarat la gust

¼ linguriță de turmeric

Un praf mare de asafoetida

½ linguriță de pudră de chili

5 cm/2in bucată de jaggery*

2 linguri de ulei vegetal rafinat

¼ linguriță de semințe de chimen

¼ de linguriță de semințe de muștar

2 ardei iute roșu uscat

1 lingura frunze de coriandru, tocate marunt

Metodă

- Spălați și gătiți toor dhal cu apă și sare într-o cratiță la foc mic timp de 1 oră.
- Adăugați turmericul, asafoetida, pudra de chili și jaggery. Gatiti 5 minute. Amestecați bine. Raft.
- Într-o cratiță mică, încălziți uleiul. Adăugați semințele de chimen, semințele de muștar și ardeiul iute roșu uscat. Lăsați-le să picure timp de 15 secunde.
- Se toarnă aceasta în dhal și se amestecă bine.
- Se ornează cu frunze de coriandru. Se serveste fierbinte.

Dhal dulce-acru

(Dulce-amărui Broken Red Gram)

Porții 4-6

ingrediente

300g/10oz sau dhal*

2,4 litri/4 litri de apă

Sarat la gust

¼ linguriță de turmeric

¼ lingurita asafoetida

1 lingurita de pasta de tamarind

1 lingurita de zahar

2 linguri de ulei vegetal rafinat

½ linguriță de semințe de muștar

2 ardei iute verzi

8 frunze de curry

1 lingura frunze de coriandru, tocate marunt

Metodă

- Gatiti toor dhal intr-o cratita cu apa si sare la foc mediu timp de 1 ora.
- Adăugați turmericul, asafoetida, pasta de tamarind și zahărul. Gatiti 5 minute. Raft.
- Într-o cratiță mică, încălziți uleiul. Adăugați semințele de muștar, ardeiul iute și frunzele de curry. Lăsați-le să picure timp de 15 secunde.
- Turnați acest condiment în dhal.
- Se ornează cu frunze de coriandru.
- Se serveste fierbinte cu orez sau chapatis aburit

Mung-ni-Dhal

(Gram verde împărțit)

Porti 4

ingrediente

300 g/10 oz mung dhal*

1,9 litri/3½ litri de apă

Sarat la gust

¼ linguriță de turmeric

½ lingurita pasta de ghimbir

1 ardei iute verde, tocat fin

¼ lingurita zahar

1 lingura de unt clarificat

½ linguriță de semințe de susan

1 ceapa mica, tocata

1 catel de usturoi, tocat

Metodă

- Fierbe mung dhal cu apa si sare intr-o cratita la foc mediu timp de 30 de minute.
- Adăugați turmericul, pasta de ghimbir, ardei iute verde și zahăr. Amesteca bine.
- Adăugați 120 ml de apă dacă dhal-ul este uscat. Gatiti 2-3 minute si puneti deoparte.
- Se încălzește ghee-ul într-o cratiță mică. Adăugați semințele de susan, ceapa și usturoiul. Prăjiți-le timp de 1 minut, amestecând constant.
- Adăugați asta la dhal. Se serveste fierbinte.

Dhal cu ceapă și nucă de cocos

(Gram roșu crăpat cu ceapă și nucă de cocos)

Porții 4-6

ingrediente

300g/10oz sau dhal*

2,8 litri/5 litri de apă

2 ardei iute verzi, tocati

1 ceapa mica, tocata

Sarat la gust

¼ linguriță de turmeric

1½ linguriță ulei vegetal

½ linguriță de semințe de muștar

1 lingura frunze de coriandru, tocate marunt

50 g nucă de cocos proaspătă, rasă

Metodă

- Fierbeți toor dhal cu apă, ardei iute verde, ceapă, sare și turmeric într-o cratiță la foc mediu timp de 1 oră. Raft.
- Încinge uleiul într-o cratiță. Adăugați semințele de muștar. Lăsați-le să picure timp de 15 secunde.
- Se toarnă aceasta în dhal și se amestecă bine.
- Se ornează cu frunze de coriandru și nucă de cocos. Se serveste fierbinte.

Dahi Kadhi

(Curry cu iaurt)

Porti 4

ingrediente

1 lingura de besan*

250 g iaurt

750 ml apă

2 lingurite de zahar

Sarat la gust

½ lingurita pasta de ghimbir

1 lingura de ulei vegetal rafinat

¼ de linguriță de semințe de muștar

¼ linguriță de semințe de chimen

¼ linguriță de semințe de schinduf

8 frunze de curry

10 g frunze de coriandru, tocate mărunt

Metodă

- Se amestecă fasolea cu iaurtul, apa, zahărul, sarea și pasta de ghimbir într-o cratiță mare. Amestecați bine pentru a vă asigura că nu se formează cocoloașe.
- Gatiti amestecul la foc mediu pana incepe sa se ingroase, amestecand des. Aduce la fierbere. Raft.
- Încinge uleiul într-o cratiță. Adăugați semințele de muștar, semințele de chimen, semințele de schinduf și frunzele de curry. Lăsați-le să picure timp de 15 secunde.
- Turnați acest ulei peste amestecul de fasole.
- Se ornează cu frunze de coriandru. Se serveste fierbinte.

Dhal de spanac

(Spanac cu gram verde spart)

Porti 4

ingrediente

300 g/10 oz mung dhal*

1,9 litri/3½ litri de apă

Sarat la gust

1 ceapa mare, tocata

6 catei de usturoi, tocati

¼ linguriță de turmeric

100 g spanac, tocat

½ linguriță de amchoor*

Un praf de garam masala

½ lingurita pasta de ghimbir

1 lingura de ulei vegetal rafinat

1 lingurita de seminte de chimen

2 linguri frunze de coriandru, tocate mărunt

Metodă

- Gatiti dhal-ul cu apa si sare intr-o cratita la foc mediu timp de 30-40 de minute.
- Adăugați ceapa și usturoiul. Gatiti timp de 7 minute.
- Adăugați turmeric, spanacul, amchoor, garam masala și pasta de ghimbir. Amestecați bine.
- Se fierbe până când dhal-ul este moale și toate condimentele au fost absorbite. Raft.
- Încinge uleiul într-o cratiță. Adăugați semințele de chimen. Lăsați-le să picure timp de 15 secunde.
- Turnați asta peste dhal.
- Se ornează cu frunze de coriandru. Se serveste fierbinte

Taker Dhal

(Linte roșie despicată cu mango necoapt)

Porti 4

ingrediente

300g/10oz sau dhal*

2,4 litri/4 litri de apă

1 mango necopt, fără sâmburi și tăiat în sferturi

½ linguriță de turmeric

4 ardei iute verzi

Sarat la gust

2 lingurițe de ulei de muștar

½ linguriță de semințe de muștar

1 lingura frunze de coriandru, tocate marunt

Metodă

- Fierbeți dhal-ul cu apă, bucăți de mango, turmeric, ardei iute și sare timp de o oră. Raft.
- Se incinge uleiul intr-o cratita si se adauga semintele de mustar. Lăsați-le să picure timp de 15 secunde.
- Adăugați asta la dhal. Fierbe.
- Se ornează cu frunze de coriandru. Se serveste fierbinte cu orez aburit

Dhal de bază

(Despărțiți gram roșu cu roșii)

Porti 4

ingrediente

300g/10oz sau dhal*

1,2 litri/2 litri de apă

Sarat la gust

¼ linguriță de turmeric

½ lingură de ulei vegetal rafinat

¼ linguriță de semințe de chimen

2 ardei iute verzi, feliati pe lungime

1 rosie de marime medie, tocata marunt

1 lingura frunze de coriandru, tocate marunt

Metodă

- Gatiti toor dhal cu apa si sare intr-o cratita timp de 1 ora la foc mediu.
- Adăugați turmericul și amestecați bine.
- Dacă dhal-ul este prea gros, adăugați 120 ml de apă. Se amestecă bine și se lasă deoparte.
- Încinge uleiul într-o cratiță. Adăugați semințele de chimen și lăsați-le să sfârâie timp de 15 secunde. Adăugați ardeiul verde și roșiile. Se prăjește timp de 2 minute.
- Adăugați asta la dhal. Se amestecă și se fierbe timp de 3 minute.
- Se ornează cu frunze de coriandru. Se serveste fierbinte cu orez aburit

Maa-ki-Dhal

(Gram negru bogat)

Porti 4

ingrediente

240 g kaali dhal*

125 g fasole rosie

2,8 litri/5 litri de apă

Sarat la gust

3,5 cm rădăcină de ghimbir, tăiată în fâșii julienne

1 lingurita de pudra de chili

3 roșii, piure

1 lingura de unt

2 linguri de ulei vegetal rafinat

1 lingurita de seminte de chimen

2 linguri de smantana simpla

Metodă

- Înmuiați dhal și fasolea împreună peste noapte.
- Gatiti cu apa, sarea si ghimbirul intr-o cratita timp de 40 de minute la foc mediu.
- Adăugați praful de chilli, piureul de roșii și untul. Gatiti 8-10 minute. Raft.
- Încinge uleiul într-o cratiță. Adăugați semințele de chimen. Lăsați-le să picure timp de 15 secunde.
- Adăugați asta la dhal. Amesteca bine.
- Adăugați smântâna. Se serveste fierbinte cu orez aburit

Dhansak

(Parsi picant Split Gram Red)

Porti 4

ingrediente

3 linguri de ulei vegetal rafinat

1 ceapa mare, tocata marunt

2 rosii mari, tocate

½ linguriță de turmeric

½ linguriță de pudră de chili

1 lingura dhansak masala*

1 lingura de otet de malt

Sarat la gust

Pentru amestecul dhal:

150g/5½ oz sau dhal*

75 g/2½ oz Mung Dhal*

75 g/2½ oz masoor dhal*

1 vinetă mică, tăiată în sferturi

O bucată de dovleac de 3 inci, tăiată în sferturi

1 lingura de frunze proaspete de schinduf

1,4 litri/2½ litri de apă

Sarat la gust

Metodă

- Gătiți ingredientele pentru amestecul de dhal împreună într-o cratiță la foc mediu timp de 45 de minute. Raft.
- Încinge uleiul într-o cratiță. Prăjiți ceapa și roșiile la foc mediu timp de 2-3 minute.
- Adăugați amestecul de dhal și toate celelalte ingrediente. Se amestecă bine și se fierbe la foc mediu timp de 5-7 minute. Se serveste fierbinte.

Masoor Dhal

Porti 4

ingrediente

300g/10oz masoor dhal*

Sarat la gust

Un praf de turmeric

1,2 litri/2 litri de apă

2 linguri de ulei vegetal rafinat

6 catei de usturoi, macinati

1 lingurita de suc de lamaie

Metodă

- Gatiti dhal, sarea, turmericul si apa intr-o cratita la foc mediu timp de 45 de minute. Raft.
- Încinge uleiul într-o tigaie şi prăjeşte usturoiul până se rumeneşte. Adăugaţi în dhal şi stropiţi cu suc de lămâie. Amesteca bine. Se serveste fierbinte.

Panchemel Dhal

(Amestec de cinci linte)

Porti 4

ingrediente

75 g/2½ oz Mung Dhal*

1 lingură de chana dhal*

1 lingură de masoor dhal*

1 lingură de toor dhal*

1 lingură de urad dhal*

750 ml apă

½ linguriță de turmeric

Sarat la gust

1 lingura de unt clarificat

1 lingurita de seminte de chimen

Un praf de asafoetida

½ linguriță garam masala

1 lingurita pasta de ghimbir

Metodă

- Gătiți dhalurile cu apa, turmeric și sare într-o cratiță timp de 1 oră la foc mediu. Amesteca bine. Raft.
- Se încălzește ghee-ul într-o cratiță. Prăjiți celelalte ingrediente timp de 1 minut.
- Adăugați aceasta în dhal, amestecați bine și fierbeți timp de 3-4 minute. Se serveste fierbinte.

Cholar Dhal

(Gram bengal împărțit)

Porti 4

ingrediente

600g/1lb 5oz chana dhal*

2,4 litri/5 litri de apă

Sarat la gust

3 linguri de unt clarificat

½ linguriță de semințe de chimen

½ linguriță de turmeric

2 lingurite de zahar

3 cuișoare

2 foi de dafin

2,5 cm/1 inch scorțișoară

2 păstăi de cardamom verde

15 g nucă de cocos, tocată și prăjită

Metodă

- Gatiti dhal-ul cu apa si sare intr-o cratita la foc mediu timp de 1 ora. Raft.
- Încinge 2 linguri de ghee într-o cratiță. Adăugați toate ingredientele, cu excepția nucii de cocos. Lăsați-le să picure timp de 20 de secunde. Adăugați dhalul fiert și gătiți, amestecând bine timp de 5 minute. Adăugați nuca de cocos și 1 lingură de ghee. Se serveste fierbinte.

Dilpa și Dhal

(Linte specială)

Porti 4

ingrediente

60 g/2 oz fasole urad*

2 linguri de fasole rosie

2 linguri de naut

2 litri/3½ litri de apă

¼ linguriță de turmeric

2 linguri de unt clarificat

2 roșii, albite și făcute piure

2 lingurite de chimion macinat, prajit uscat

125 g iaurt, bătut

120 ml cremă unică

Sarat la gust

Metodă

- Se amestecă ambele fasole, năutul și apa. Înmuiați într-o cratiță timp de 4 ore. Adăugați turmericul și gătiți timp de 45 de minute la foc mediu. Raft.
- Se încălzește ghee-ul într-o cratiță. Adăugați toate celelalte ingrediente și gătiți la foc mediu până când ghee-ul se desparte.
- Adăugați amestecul de fasole și năut. Fierbe. Se serveste fierbinte.

Dhal Masoor

(linte roșie despicată)

Porti 4

ingrediente

1 lingura de unt clarificat

1 lingurita de seminte de chimen

1 ceapa mica, tocata marunt

2,5 cm rădăcină de ghimbir, tocată mărunt

6 catei de usturoi, tocati marunt

4 ardei iute verzi, feliați pe lungime

1 roșie, curățată și făcută piure

½ linguriță de turmeric

300g/10oz masoor dhal*

1,5 litri/2¾ litri de apă

Sarat la gust

2 linguri de frunze de coriandru

Metodă

- Se încălzeşte ghee-ul într-o cratiţă. Adăugaţi seminţele de chimen, ceapa, ghimbirul, usturoiul, ardeiul iute, roşia şi turmeric. Se prăjeşte timp de 5 minute, amestecând des.
- Adăugaţi dhal, apă şi sare. Gatiti 45 de minute. Se ornează cu frunze de coriandru. Se serveste fierbinte cu orez aburit

Dhal cu vinete

(linte cu vinete)

Porti 4

ingrediente

300g/10oz sau dhal*

1,5 litri/2¾ litri de apă

Sarat la gust

1 lingura de ulei vegetal rafinat

50 g vinete taiate cubulete

2,5 cm/1 inch scorțișoară

2 păstăi de cardamom verde

2 cuișoare

1 ceapa mare, tocata marunt

2 rosii mari, tocate marunt

½ lingurita pasta de ghimbir

½ linguriță de pastă de usturoi

1 lingurita coriandru macinat

½ linguriță de turmeric

10 g frunze de coriandru pentru ornat

Metodă

- Fierbeți dhal-ul cu apă și sare într-o cratiță timp de 45 de minute la foc mediu. Raft.
- Încinge uleiul într-o cratiță. Adăugați toate celelalte ingrediente, cu excepția frunzelor de coriandru. Se prajesc 2-3 minute, amestecand continuu.
- Adăugați amestecul la dhal. Se fierbe timp de 5 minute. Se ornează și se servește.

Dhal Tadka galben

Porti 4

ingrediente

300 g/10 oz mung dhal*

1 litru/1¾ litri de apă

¼ linguriță de turmeric

Sarat la gust

3 lingurite de unt clarificat

½ linguriță de semințe de muștar

½ linguriță de semințe de chimen

½ linguriță de semințe de schinduf

2,5 cm rădăcină de ghimbir, tocată mărunt

4 catei de usturoi, tocati marunt

3 ardei iute verzi, feliați pe lungime

8 frunze de curry

Metodă

- Gatiti dhal-ul cu apa, turmeric si sare intr-o cratita timp de 45 de minute la foc mediu. Raft.
- Se încălzește ghee-ul într-o cratiță. Adăugați toate celelalte ingrediente. Prăjiți-le timp de 1 minut și

turnați-le peste dhal. Se amestecă bine și se servește fierbinte.

Rasam

(Supa picanta de tamarind)

Porti 4

ingrediente

2 linguri de pasta de tamarind

750 ml apă

8-10 frunze de curry

2 linguri de frunze de coriandru tocate

Un praf de asafoetida

Sarat la gust

2 lingurite de unt clarificat

½ linguriță de semințe de muștar

Pentru amestecul de condimente:

2 lingurițe de semințe de coriandru

2 linguri toor dhal*

1 lingurita de seminte de chimen

4-5 boabe de piper

1 ardei rosu uscat

Metodă

- Prăjiți uscat și măcinați ingredientele amestecului de condimente împreună.
- Amestecați amestecul de condimente cu toate ingredientele, cu excepția ghee-ului și a semințelor de muștar. Gatiti 7 minute la foc mediu intr-o cratita.
- Se încălzește ghee-ul într-o altă cratiță. Adăugați semințele de muștar și lăsați-le să stropească timp de 15 secunde. Se toarnă direct în rasam. Se serveste fierbinte.

Mung Dhal simplu

Porti 4

ingrediente

300 g/10 oz mung dhal*

1 litru/1¾ litri de apă

Un praf de turmeric

Sarat la gust

2 linguri de ulei vegetal rafinat

1 ceapa mare, tocata marunt

3 ardei iute verzi, tocate mărunt

2,5 cm rădăcină de ghimbir, tocată mărunt

5 frunze de curry

2 rosii, tocate marunt

Metodă

- Gatiti dhal-ul cu apa, turmeric si sare intr-o cratita timp de 30 de minute la foc mediu. Raft.
- Încinge uleiul într-o cratiță. Adăugați toate celelalte ingrediente. Se prăjește timp de 3-4 minute. Adăugați asta la dhal. Fierbe. Se serveste fierbinte.

Mung verde întreg

Porti 4

ingrediente

250 g fasole mung, la macerat peste noapte

1 litru/1¾ litri de apă

½ lingură de ulei vegetal rafinat

½ linguriță de semințe de chimen

6 frunze de curry

1 ceapa mare, tocata marunt

½ linguriță de pastă de usturoi

½ lingurita pasta de ghimbir

3 ardei iute verzi, tocate mărunt

1 rosie, tocata marunt

¼ linguriță de turmeric

Sarat la gust

120 ml lapte

Metodă

- Gatiti fasolea cu apa intr-o cratita timp de 45 de minute la foc mediu. Raft.
- Încinge uleiul într-o cratiță. Adăugați semințele de chimen și frunzele de curry.
- După 15 secunde, adăugați fasolea fiartă și toate celelalte ingrediente. Se amestecă bine și se fierbe timp de 7-8 minute. Se serveste fierbinte.

Dahi Kadhi cu Pakoras

(Curry pe bază de iaurt cu găluște prăjite)

Porti 4

ingrediente
Pentru pakoras:

125 g fașă*

¼ linguriță de semințe de chimen

2 linguri de ceapa tocata

1 ardei verde tocat

½ linguriță de ghimbir ras

Un praf de turmeric

2 ardei iute verzi, tocati marunt

½ linguriță de semințe de ajowan

Sarat la gust

Prăjiți ulei

Pentru kadhi:

Dahi Kadhi

Metodă

- Într-un castron, amestecați toate ingredientele pakora, cu excepția uleiului, cu suficientă apă pentru a forma un aluat gros. Prăjiți lingurile în ulei încins până se rumenesc.
- Gătiți kadhi și adăugați pakoras. Se fierbe timp de 3-4 minute.
- Se serveste fierbinte cu orez aburit

Dhal dulce de mango necopt

(Gram roşu crăpat cu mango necoapt)

Porti 4

ingrediente

300g/10oz sau dhal*

2 ardei iute verzi, feliati pe lungime

2 lingurite jaggery*, ras

1 ceapa mica, taiata felii

Sarat la gust

¼ linguriță de turmeric

1,5 litri/2¾ litri de apă

1 mango necopt, decojit și tocat

1½ linguriță ulei vegetal rafinat

½ linguriță de semințe de muștar

1 lingura frunze de coriandru, pentru ornat

Metodă

- Combinați toate ingredientele, cu excepția uleiului, a semințelor de muștar și a frunzelor de coriandru într-o cratiță. Gatiti 30 de minute la foc mediu. Raft.
- Încinge uleiul într-o cratiță. Adăugați semințele de muștar. Lăsați-le să picure timp de 15 secunde. Turnați asta peste dhal. Se ornează și se servește fierbinte.

Malai Dhal

(gram negru despicat cu crema)

Porti 4

ingrediente

300g/10oz urad dhal*, la macerat timp de 4 ore

1 litru/1¾ litri de apă

500 ml lapte, fiert

1 lingurita de turmeric

Sarat la gust

½ linguriță de amchoor*

2 linguri de smantana simpla

1 lingura de unt clarificat

1 lingurita de seminte de chimen

2,5 cm rădăcină de ghimbir, tocată mărunt

1 roșie mică, tocată mărunt

1 ceapa mica, tocata marunt

Metodă

- Gatiti dhal-ul cu apa la foc mediu timp de 45 de minute.
- Adăugați laptele, turmericul, sarea, amchoorul și smântâna. Se amestecă bine și se fierbe timp de 3-4 minute. Raft.
- Se încălzește ghee-ul într-o cratiță. Adăugați semințele de chimen, ghimbirul, roșiile și ceapa. Se prăjește timp de 3 minute. Adăugați asta la dhal. Se amestecă bine și se servește fierbinte.

www.ingramcontent.com/pod-product-compliance
Lightning Source LLC
Chambersburg PA
CBHW070356120526
44590CB00014B/1157